歴史から学ぶ ―伝統を知り、新しい表現に活かす―

基本セオリーがわかる
花のデザイン

～基礎科②～

磯部健司 監修　　花職向上委員会 編

はじめに

　基礎科シリーズ第一巻の「花の取扱いの基礎を学ぶ」を刊行して2年、続編となる今回は「歴史から学ぶ」としてまとめています。
　歴史とは、先人たちが残してくれたものを正当に受け継ぎ、後世に残すことを念頭においています。
　ここでの歴史とは花のデザインについてのことであり、今回は、花のデザインが独自に発展させてきた歴史を5つの章にわたり解説しています。本来、基本的なシステム［理論や考え方］は、花のデザイン独自のものは少なく異分野と共通であるべきなのですが、今回の歴史についての解説は花のデザイン独自のものばかりです。

　この基礎習得の目的は、試験や情報整理のためではなく、技術向上を目的としたものです。歴史から学び取れる情報を、目的にあわせてまとめています。
　実際の歴史から、今後も必要な「システム」を抽出するためのまとめ方で、これらの情報を次世代に渡していきたいと考えています。

　前書同様に、この書だけですべての情報をできる限り解説しています。より解りやすくするために、イラストも掲載していますので、ぜひ解説文まで読み進めてほしいと思います。すべての花職にたずさわる方へ、私たち「花職向上委員会」からの贈り物として受け取っていただけると幸いです。

本書の構成

この本の構成は、前書と同様に花職向上委員会が推奨する基礎科のセミナー内容を元にしています。

植物を扱うあらゆるプロのための内容となります。初級・中級・上級、すべての方を対象に有益な情報を記載しています。

前書をご覧の方は、この基礎科が初級から上級まで対応していることがお気づきになられたでしょう。最初の入り口は上級も同じなのです。それぞれのレベルによって行う程度（行為やテーマ）が異なりますが、目的は同じです。

また今回は基礎の二番目にあたる本となります。本書のみで完結するには、情報が不足するため、前書からの参照をもって、完結となる内容にご理解ください。

前書で解説があったように少ない「システム」を学ぶことで、多くの「パターン」そして「スタイル」が一度に覚えられる利点があります。

そのために、一度しっかり解説した「システム」は前書の参照という方法をとらせていただいています。

前書の参照表示について

➡ 📖 基礎① p ○○ ［キーワード］

基礎①とは、2016年刊行の『基本セオリーがわかる花のデザイン 基礎科① 〜花の取り扱いを学ぶ－植物を知り、活かす－』のことです。

➡ 📖 前書④ p ○○ ［キーワード］

前書④とは、2014年刊行の『基本セオリーがわかる花のデザイン 〜歴史・テクニック・デザインテーマ〜』のことです。

花職向上委員会　基礎科一覧

タイトル		章タイトル	サブタイトル
基礎科　1 花の取り扱いの基礎を学ぶ	1章	植物を知ろう	植生的で最も基礎的な「植物の扱い」
	2章	非対称とは	「対称バランス」と「非対称バランス」
	3章	輪郭を考える	「フォルム」と「フィギュア」
	4章	フローリストの基礎知識	「調和」「色彩」「花束」「配置」「構図」
	5章	複雑なテクニック	「交差」などモダンテクニックの基本
	6章	植物を活かす	「植物のキャラクター」と「動き」
基礎科　2 歴史から学ぶ〈本書〉	1章	空間を操作する	バウハウスと「空間分割」
	2章	伝統スタイルで学ぶ	「クラシックフォーム」の歴史
	3章	植物から誕生した構成	「空間と動き」自然界からの抽出
	4章	花束	「プロポーション」「テクニック」
	5章	図形的	植物で「図形的」を表現する
基礎科　3 知識の仕上げ	1章	重心・バランス点	「非対称」「遠心」「偏心」
	2章	モダンアレンジメント	アレンジメントの最終確認と「テクニック」
	3章	構図の流れ	躍動感ある「対称バランス」
	4章	構成とテクニック	「アイナンダー」と「テクニック」
	5章	植物の特殊な扱い方	「素材の自然な」と「死んだ自然」の扱い

contents

はじめに	2
本書の構成	3
この本の使い方	6

Chapter 1 空間を操作する … 7

バウハウスと「空間分割」 … 8

即物主義的	10	小枝の枠	14
形式・線的	12	枕構成	16

解説
◎システム 「空間分割」「活きた空間」「死んだ空間」
◎ポイント 「即物主義(機能主義)」「バウハウス」「フォーマル・リニアール」 … 18

Chapter 2 伝統スタイルで学ぶ … 23

クラシックフォームの歴史 … 24

イギリスの伝統	26	その他のクラシック ドーム	38
最古の三角形デザイン	28	その他のクラシック ピラミッド	40
自然な古典的フォーム	29	その他のクラシック ボーゲン	42
新古典	30	その他のクラシック オーバル	44
新在来の(クラシックフォーム)	32	低いトライアングルデザイン	45
モダン・クラシック	34	<低い>新古典	46
独自のクラシックフォーム	36	古典的フォームの新解釈	48

解説
◎システム 「クラシック」
◎ポイント 「ブリティッシュトラディッショネル」「ノイ コンヴェンチオネル」 … 50

Chapter 3 植物から誕生した構成 ⋯⋯⋯ 59

「空間と動き」自然界からの抽出 ⋯⋯⋯ 60

骨組み ⋯⋯⋯ 62
巻かれた ⋯⋯⋯ 64
織り込まれた ⋯⋯⋯ 66
織り込まれた（システム） ⋯⋯⋯ 68
ゲリュスト（インスピレーション） ⋯⋯⋯ 70

旋回＜渦巻く＞ ⋯⋯⋯ 72
織り包まれたもの ⋯⋯⋯ 74
豪華な ⋯⋯⋯ 75
さまざまな「織り込まれた」作品 ⋯⋯⋯ 76

解説 ◎システム 「自然界の動き」
◎ポイント 「ゲリュスト」「スワリング」「フェアヴォーベネス」 ⋯⋯⋯ 78

Chapter 4 花束 ⋯⋯⋯ 83

「プロポーション」「テクニック」 ⋯⋯⋯ 84

モダンプロポーション（ブーケホルダテクニック） ⋯⋯⋯ 86
モダンプロポーション（花束テクニック） ⋯⋯⋯ 88
解かれた構成（モダンプロポーション） ⋯⋯⋯ 90
枠組みのある花束 ⋯⋯⋯ 92
下組みのある花束 ⋯⋯⋯ 94

花瓶花束 ⋯⋯⋯ 98
高く束ねられた花束 ⋯⋯⋯ 99
立つ花束 ⋯⋯⋯ 100
縁取りのある花束 ⋯⋯⋯ 102
横に展開する花束 ⋯⋯⋯ 103

解説 ◎システム 「プロポーションの変革」「解かれた構成」
◎ポイント 「枠組み」「下組み」 ⋯⋯⋯ 104

Chapter 5 図形的（グラフィック） ⋯⋯⋯ 111

植物で「図形的」を表現する ⋯⋯⋯ 112

始まりのグラフィック ⋯⋯⋯ 114
視点を変えたグラフィック ⋯⋯⋯ 116
伝統的・純化したグラフィック ⋯⋯⋯ 118
純化したグラフィック ⋯⋯⋯ 120
連動したグラフィック ⋯⋯⋯ 121
形象的 ⋯⋯⋯ 122
グラフィック＋α ⋯⋯⋯ 124

形式的 ⋯⋯⋯ 126
植生的 ⋯⋯⋯ 127
基本のグラフィック ⋯⋯⋯ 128
グループで１つのグラフィック ⋯⋯⋯ 130
純化＋基本グラフィック ⋯⋯⋯ 132
独自のグラフィック ⋯⋯⋯ 134

解説 ◎システム 「動き（運動）＝図形効果」
◎ポイント 「動きの対比」「純化した動き」「形象的」「連動」 ⋯⋯⋯ 136

花職向上委員会デザイナー ⋯⋯⋯ 141

本書には、ドイツ語、英語、カタカナ、などによる専門的な用語が出てきます。

今まで学んでいた方へ

　用語（テーマなど）が掲載されておりますので、今までの復習や確認がしやすくなっています。もし今までにない情報などが載っていれば、ぜひとも参考にしていただき、今後につなげてほしいと考えています。
　もし誤った情報を持っていて、誰かと共有しているのであれば、本書を元にディスカッションをしてほしいと思います。
　自身の思い込みや、培ったことの保身で情報を曲げないで、仲間同士でディスカッションすれば、またさらに新しい道が開かれることと思います。

これから学ぶ人へ

　本来なら、すべてを日本語などに統一したい気持ちが多大にあります。しかし歴史的な発展の流れ、同じような道で研究されてきた方へ基礎理論をひも解くためのキーワードとして専門用語を残しています。
　私たちの考えでは、はじめてこれらの用語をお聞きになる方は、覚えなくてもいいと思います。目的は用語を詰め込んだ知識でもなく、横文字を並べても格好いいわけでもありません。本書を通して、実際に制作する「花のデザイン」に活用してほしいからです。
　一方で、用語として覚えて便利になるキーワードもあります。ゆっくり1章ずつ読み進め、知識と技術を広げていってください。

Chapter

1

空間を操作する

バウハウスと「空間分割」

花のデザインが、歴史的に発展してきた背景の中で、
重要なターニングポイントがあります。
その中で「空間」を操作する方法をここでマスターしましょう。

直線と曲線のコントラスト、立体と平面のコントラスト、非常に少ない要素で最大の効果を図った作品「フォーマル・リニアール」を現代の考えで再構築してみました。教科書に定義される模範的なものではありませんが、優れた作品に仕上がりました。
Design/Ippei Yasuda

バウハウスと「空間分割」

植物をリズミカルに配置していく行為があります。
同時に空間に対しての配慮をリズミカルに行う手法もあります。
ここでは空間への配慮を中心に考えていきます。

Chapter 1　空間を操作する

目的は空間への配慮ですが、基礎や歴史的なものは習得するためのカテゴリーでしかありません。そういった基礎・歴史の上に自由に形成しながら、活用していってください。8個の小さな器を均等に並べ、それぞれに植物を飾り、その上に空間分割をリズミカルに考え配置しています。モダンに形成された中、基礎の空間を操作するシステムが盛り込まれています。

Design/Kenji Isobe

1960年代、クラシックを代表とする植物を「もの」として（装飾的に）扱う方法と、自然に即した植生的な扱いしかなかった頃に、誕生した構成です。当初衝撃的な表現方法で、世界中に広まり、その後学校教育の中でも広く活用されました。

現代、なぜにこのような構成がピックアップされ、本書（基礎）に掲載されているか。それは、後世に残したいものがあるからです。最初に「空間分割」さらには「活きた空間」の考えと扱いの方法が、他のどの構成より優れているからです。

9

即物主義的

ザハリヒカイト
Sachlichkeit

ドイツ「バウハウス」の基本理念でもある即物（機能）主義の考えを元にして、構築したパターンです。
「がっちりとした構築と質感、理性的な自己制御、それでいて厳しさとか冷たさを感じない、繊細な装飾も見られない、巨匠によく見られる強い自己顕示がない。」
基本的な考え方はありますが、目指す方向や同じゴール地点はありません。問題は冷たさを感じない程度に何をするかですが、ここでは主に空間への配慮を行っています。

Design/Yuko Suzuki

Chapter **1** 空間を操作する

形式・線的

フォーマル リニアール
Formal-Linear

形式としてパターン化されている構成ですが、本書でピックアップしたのは、空間への配慮を最初に行うためのテーマとして最適であると考えているからです。世界中でブームになった時には、下方や横、その他のアイディアも出てきましたが、それらには本質的な配慮よりも見た目の目新しさだけだったので、基礎としては必要ないと考えています。

Design/Yoko Kondo

Chapter **1** 空間を操作する

13

小枝の枠

ツヴァイク ラーメン
Zweig-Rahmen

ザハリヒカイトやフォーマル・リニアールの制作です。1つのパターン化されたもので、枝もの（小枝）で枠を囲うように制作されたものです。最初からこのパターンで制作することよりも、可能性の1つとして認識するようにしていきます。

Design/Mieko Yano

Chapter **1** 空間を操作する

15

枕構成

キッセン ゲシュタルトゥング
kissen Gestaltung

下部は大量の花々で埋めつくしたり、デザイン的なものを入れたりしながら、自由に形成していきます。上部への配慮は、今までのクラシック（のかたち）にならないように、また植生的とも異なる分野で表現していきながら、同じく空間への配慮をして完成させていきます。

Design/Ayaka Kohama

Chapter 1　空間を操作する

Chapter 1 解説

◎システム
「空間分割」「活きた空間」「死んだ空間」

◎ポイント
「即物主義（機能主義）」「バウハウス」「フォーマル・リニアール」

➡ 📖は、花職向上委員会のシリーズ本を参照してください。詳しくはp3「本書の構成」をご覧ください。

　1960年代に誕生し、発展したといわれるフォーマル・リニアールですが、誕生の詳細は諸説がありはっきりとしていません。しかし、植物を「装飾的」に飾るか、自然に即した「植生的」なものしか無い時代の中で、新しいカテゴリーとして誕生した手法です。1950年代に西欧のデザインと日本のいけばなとの交流もあったのは確かですが、フォーマル・リニアールにはいけばなの影響を垣間見ることができません。

　新しいカテゴリーとして、ドイツ・バウハウス理論を根幹の考えとして、植物で表現したのがはじまりとなります。それらの解釈をまとめたり、発展させたものがこの章のまとめです。

バウハウス

　バウハウス（独：Bauhaus）は、1919年ドイツ・ヴァイマルにおいてグロピウス（Walter Adolph Georg Gropius）によって設立された、工芸・写真・デザインなどを含む美術と建築に関する総合的な教育を行った学校です。その中の流れを汲む即物主義的・機能主義的な芸術を指すこともあり、ここではそれを抽出した話になります。ちなみにバウハウスはナチスにより1933年に閉校されるまでのわずか14年間しか活動が無かった学校です。バウハウスは現代美術ばかりでなく、私たちの生活にも密接な関係があるものだと考えています。

バウハウス校舎／写真：Prisma Bildagentur／アフロ

即物主義（機能主義）

　「がっちりとした構築と質感、理性的な自己制御、それでいて厳しさとか冷たさを感じない、繊細な装飾も見られない、巨匠によく見られる強い自己顕示がない。」

　即物主義を要約した有名な言葉で、すぐに理解できる内容です。無駄なものは一切排除し、すべての個所は機能するということが重要なキーワードですが、ただ機能するだけでない「何か」が要素として必要です。

　建築の簡単な時代から言えば、古典的な建築を分離し、アールヌーヴォが花咲き、この両者から逸脱した世界観を出すために誕生した考え方でもあります。

左上：「ティーポット」マリアンネ・ブラント（1924）
左下：「灰皿」マリアンネ・ブラント（1924）
　　　©VG BILD-KUNST, Bonn & JASPAR, Tokyo, 2018
　　　C2348
　　所蔵：ミサワバウハウスコレクション
右：「クラブ・チェア　第二版」マルセル・ブロイヤー（1925/1926）
　　／所蔵：宇都宮美術館

がっちりとした構築と質感

理性的な自己制御
　＝多くの素材やデザインの多用はしない

厳しさとか冷たさを感じない
　＝ただの即物にならないように

繊細な装飾も見られない
　＝アールヌーヴォに対しての装飾過多にならない

巨匠によく見られる強い自己顕示がない
　＝設計だけがしっかりしていれば、例え工場のラインでも制作可能

Chapter 1　空間を操作する

ザハリヒカイト (Sachlichkeit 独〈即物主義〉)

　クラシック（ドーム・トライアンギュラーなど）を代表とする「装飾的」なカテゴリーと、自然界に即した「植生的」なカテゴリーしか花のデザインの世界には無かった時代に、バウハウスの基本理論でもある「即物主義」を直接植物にあてはめた考えで進める研究がされはじめました。

　がっちりとした構築と質感
　　＝直線のはっきりした、大きな主張の植物を扱う

　理性的な自己制御
　　＝あまり多くの素材を多用せず

　厳しさとか冷たさを感じない
　　＝無なる空間や冷たさを感じさせず

　繊細な装飾も見られない
　　＝装飾に走ることなく

　巨匠によく見られる強い自己顕示がない
　　＝どの植物でも（選び抜いた1本でなく）できるもの

　バウハウスの理念に基づき、開発（発表）されたスタイルで、最初に大きな主張でがっちりとした姿を表現していきます。扱う素材・種・数に制限はありませんが、多くの種類を使用するのはこれに反します。また種類のみならず、ある意味「要素」を減らすことが重要となります。例えば「動き」「色」などを含めたすべてのことに注意します。

　大きな主張を1〜3本中央に立てるだけでは、冷たさを感じてしまいます。そこでまずは空間の配慮を考えていかなければなりません。ここにはルールや基礎はありません。

　デザインの足元の表現に関しては、砂利を敷いて終わらせるだけでは冷たい感じがしすぎますが、かと言って植物を装飾的に入れることも、植生的に入れることもできません。

　そしてこれらは、選び抜かれた、または特殊な1本でなく、どの枝、どの素材でも可能となり得ます。

　ここでの考え方では、建築の「古典的」と「アールヌーヴォ」が引き合いに出されています。花の表現も同様に、「植生」「クラシック（三角形・丸・楕円）」に頼らない新しい造形にしていかなければなりません。

　それがどれほど険しい道なのか、真剣に取り組んでいくと、よく解ってきます。

　しかし、この考えだけで制作するのは難しいので、職業学校ではフォーマル・リニアールへと転換されるようになっていきました。

フォーマル・リニアール Formal-Linear

　ドイツ・バウハウスの考えを解釈し、1960年代「少ない花材で明確な形態と線を表現する」ことから発展したテーマです。「装飾的」や「植生的（自然）」とは全く無関係なもので、あくまで「形式的」に制作します。パラレル（平行構成）同様、今までの花のデザインでは全くなかった分野で、一気に世界中に広まりましたが、その際必ずしも正確に伝えられたわけではないようです。どれだけこれらのものが花のデザイン界で大きな影響を与えたことでしょう。当時4つに分類・確立した構成の種類、1［装飾的］　2［植生的］　3［形式・線的］　4［平行］　が、現代（西暦2000年頃）まで標準的であったのです。それは、その他の構成が無かったとも言い換えられます。

制作ポイント

　最小限の花材で、より大きな効果をあげることができるのが、特徴です。素材の形と動きによって静と動が結合し、最高の緊張感が溢れる作品になります。

　最初に器の選択ですが、以下のものはあまり好ましいとは言えません。
⑴様式をもった器「古典的」（ピリオドコンテナなど2章 p51 を参照）
⑵装飾が施された器「装飾的」
⑶温かみをもった器「ポストモダンなど」

　バウハウス理論を元に制作されたこともあって、建築でいう「古典的」でも、アールヌーヴォのように「装飾的」でもふさわしくありません。またポストモダン（建築）のように、温かみをもったものも、あまり勧められるものではありません。特に四角でシンプルなものが適しており、このようなものを選択します。

　吸水性スポンジのセッティングは、その時の「球体」の方法、枝もののかたちによって、器の口より高くするか低くするかを決定します。

　制作手順ではなく、最初に考え方を記述します。
①**立体の代表ともいえる球体を形成**
　さまざまな植物の複合体で「球体」を表現しても、1種や1本で表現することが可能。
②**主たる中心に直線的な線の素材**（現象形態、大きな主張の植物）
　極力「まっすぐ」な線を使用します。場合により線を強調する素材と複合してもよいでしょう。
③**静けさの中にゆれ動く壊れそうな線**（線のみ）
　葉や花、実などが付いていないほうが望ましいです。静止的なデザインの中に空間を活かし、動的要素を与えます。

19

直線×曲線　少ない要素で大きな効果を与えます。
④**平面的な要素のある葉の配置**
立体×平面　少ない要素で最大の効果を発揮させます。
四角の平面的イメージとも言われています。
⑤**少ない要素（素材）で制作**
10種未満と言われることもありますが、正確には「理性的な自己制御」のことで、種類の数の制限は自己判断で行っていきます。
種類の制限だけでなく、要素を減らすことを考えます。

枝の配置

曲線の枝もの（葉などは必要ない）を、どのように扱うかが課題となります。まずは基本論としては「要素を減らし」ながらの配置となります。
⑴**直線を一定方向より横切る（左右どちらか一方）**
⑵**横切らず、空間だけを分割する（通常は立ち上がりのみ）**
⑶**直線に絡ませていく（枝種により異なる）**

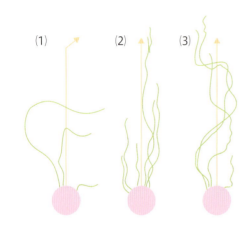

注意をしたいのは、要素を減らすことで、上記のパターン1つだけを選ばなくてはなりません。

通常最後に「平面」を代表して葉を入れる際にも、同じように要素が多くならないように注意をして配置していきます。

空間分割

フォーマル・リニアールで最も伝えたいことは、この「空間分割」となります。これを除いたら、これらのテーマの価値、または後世につなげるシステムは何も無くなってしまいます。

直線に対して「曲線」をどのようにぶつけるかは、目的がはっきりしています。「空間分割」をリズミカルに形成することです。リズミカルとは、大小さまざまな空間がバラバラに配置されることです。ここでいう配置はグラデーションであったり、均等になってはいけません。

場合により近似黄金分割を活用する方法もあります。否定はしませんが、それだけでできるものではありません。

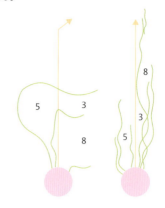

活きた外観空間・死んだ外観空間

空間分割だけで、初級としては問題なくこれらの意図する「システム」は習得できます。しかしこのテーマにはもう一歩先のシステムも存在しています。

ここでのシステムは先の「空間分割」とは関係なく、主に「外観のイメージを構成する空間」についての解説になります。この外観のイメージを構成する空間を「外観空間」と呼んでみましょう。

日本人特有の感覚なのかもしれませんが「間（ま）」というものをよく文学や造形で活用します。「間」の感覚は地域性により違いがあるのかもしれません。ただ単に「あいだ」をとれば、「空間」があればいいわけではなく、その外観空間を「活かして」こそデザインが冴えてくるのが「間」です。

例えば、枝の先端には目に見えない「何か」が存在すると仮定します。その場所は非常にいきいきとしており、これらを「活きた外観空間」と考えます。活きた外観空間には、他に何も必要ないほどの「間」があり、何もない場所なのになぜか心地いい外観空間であったり、空想で何かが展開するような、おもむきがあります。

一方、猫背のように丸まった背中のような外観のラインは、他を受け入れる術もなく、外観空間も死んでしまいます。

このように、ただの外観にも「活きた」と「死んだ」外観空間があることがここで学んでほしいことの1つです。すべてが活きた外観空間で制作することは難しく、どこかが死んでしまうことがありますが、その「死んだ外観空間」をいかに少なくするかが、ポイントの1つとなります。

いけばなの本勝手は、基本床の間の（向かって）左のほうへ置き、右側に大きな空間を必要とします。逆勝手はその逆に配置するものと、これら活きた空間の扱い方と同じ考えであることが解ります。

Chapter **1** 空間を操作する

左右の外観空間が異なるのは、アレンジメントを目的としていないからです。

Point 1
枝先や花先が伸びていても、均等な配置や面をつくるような配置では、外観空間は死んでしまいます。

21

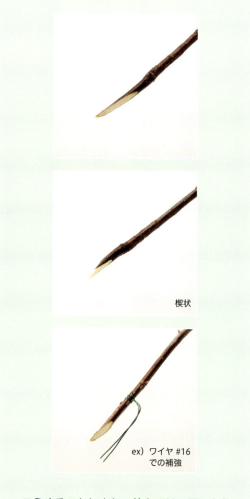

テクニック

枝ものは、可能であればフローリストナイフで切ってください。ダイレクトに切除できなくても、削る感覚で仕上げはナイフにしたほうがよいです。

➡ 📖 基礎① p55 参照［フローリストナイフの使い方］

枝ものの動きがある程度あったり、太い枝ものは、さらに切り口を「楔状(くさび)」にするのがよいでしょう。

さらにそれだけでも耐えられないような躍動感ある動きの枝ものには、太めのワイヤ（例えば #16 など）で、補強をするとなおよいでしょう。フローリストナイフで楔状に切れない硬い枝ものも、ワイヤで補強する方法がよいでしょう。

楔状

ex）ワイヤ #16 での補強

こうすることにより、枝ものは、回ったり、傾いたりせず、意のままの場所に配置・固定することができます。

kissen Gestaltung
（キッセン ゲシュタルトゥング）独〈枕構成〉

フォーマル・リニアールが世に発表されると、多くのデザイナーやお客様がそういったデザインを追い求めるようになりました。しかし少量の花材ばかりが流行してしまっては、フローリスト（の商売）としては、難しくなります。ドイツには「キッセン」というアレンジメントのスタイルがあり、枕のようにこんもり盛ったデザインに、流行の線的要素を入れて、モダンに飾るデザインが主流になりました。

細かくは、その時に「塊（枕）」には「平面」でコントラストを出したり、上部では空間をいきいきとしたデザインにしていきます。もちろんその時には「空間分割」がとても重要になり、「活きた空間」で仕上げれば、心地いい「間（ま）」が誕生します。

元々は、「枕」のように盛り飾ったデザインでしたが、この時代のものとして考えれば、花ばかりでなく「何らか」のデザインを施すのもよいでしょう。自由に下部は構成しながら、上部の空間分割や活きた空間を楽しみながら制作していただきたいと思います。

Chapter

2

伝統スタイルで学ぶ

「クラシックフォーム」の歴史

伝統的なアレンジメントのパターンから
学びとれる情報をまとめました。
歴史を学び、そして現代に活かす方法まで、
幅広く紹介していきます。

クラシックフォームの歴史

花のデザインには、不変なスタイルも存在しています。その代表的なものがこのクラシックフォームです。ピリオドをうたれたデザインは、時に時代を超えて愛されることが多く、花のデザインでも同じことが言えます。
もちろんゴシック・ルネッサンス・バロックなどの様式をもった内装や建築物には、とてもよく似合い、現代においても多く活用性に富んだフォームだと言えるでしょう。

クラシックフォームは5タイプのものが存在します。トライアングルデザイン（三角形）・ドーム（半球形の屋根のかたち）・オーバル（楕円）・ボーゲン（アーチ形）そしてこの写真のピラミッドとなります。この章で少しだけ紹介していきます。
Design/Chizuko Suzuki

この章では、主にトライアングルデザインを中心とした、歴史・テクニックを紹介していきます。時代によって変化していくスタイル、そしてその発展の中で、今後もより多くの場面で活躍できるものをピックアップして解説します。

クラシックフォームを独自（個性的であったり、自由に形成しなおしたもの）の考えで再構築しています。視覚的に安定したトライアングルデザインなので、ある程度自由に形成しても大丈夫です。基本的な主軸や発展を学べば、簡単にデザインしていくことも可能となります。

Design/Kenji Isobe

イギリスの伝統

ブリティッシュ トラディッショネル
Britisch Traditionelles

Design/Kenji Isobe

Chapter 2　伝統的スタイルで学ぶ

トライアングルデザインとして、最も適したパターンから学び取ります。ここでは8つの主軸の役割、器への配慮などさまざまな造形的な理由、歴史的な由縁を学ぶことができます。花のデザインをしている人なら、この情報は必須条件の1つと言っても過言ではありません。また歴史的な発展は、このパターンを抜いては考えられません。

27

最古の三角形デザイン
トラディッショネル トライアングル デ ザ イ ン
Traditionelles triangel Design

ブリティッシュトラディッショネルのすばらしさは、このトライアングルデザインを体感すればよく解ります。主軸も5個と大変少なく、自由度はあるものの、アウトカーブでの制作により、プロポーションを整えるのが難しいものです。

Design/Machiko Saji

Chapter 2　伝統的スタイルで学ぶ

自然な古典的フォーム
ナチュアリッヒ　クラシッシュ　フォルム
natürlich klassische Form

クラシックフォームの発展で、歴史上の発展過程を見ていただくために掲載しています。これらを再度表現する価値はあまりないのですが、歴史の1ページとして知っていてほしく、紹介しました。

29

Chapter 2　伝統的スタイルで学ぶ

新古典
ノイ クラシッシュ
neu klassisch

「新」というタイトルが付いていますが、古典的なフォームが新しくなった、歴史的な1ページの名称となります。ぎっしり詰まった古典的フォームの中に、空間と交差という新しい技術が盛り込まれていく、最初のパターンです。表現方法としては、今後も扱っていける存在の1つです。

Design/Mariko Matsushima

31

新在来の（クラシックフォーム）
ノイ コンヴェンチオネル
neu konventionell

世界中に広まったパターンですが、その分情報も混沌としており、ここでは元来あった考え方を抽出しています。そしてこの考え方以降のデザインが、大きく躍進していく、ターニングポイントの1つです。より深く革新的な良さに気づき、今後に役立ててほしいと願います。

Design/Kenji Isobe

Chapter 2　伝統的スタイルで学ぶ

モダン・クラシック
モデルン クラシッシュ
modern klassisch

トライアングルデザインが発展していく中で誕生した、1つの「パターン」となります。上部も下部も全面展開していますが、正面より見た構図では、頂点と下部の両端2点が結ばれ、トライアングルデザインになっていることが確認できます。
花材やスタイルを変えて、今後も活用度が高いトライアングルデザインです。

Design/Yaeko Sakai

Chapter 2 伝統的スタイルで学ぶ

独自のクラシックフォーム

klassische Form individuell
<small>クラッシュ フォーム インディヴィドゥエル</small>

自由に、個性的に、趣向のままに、勝手に、などというキーワードとなる用語ですが、今までクラシックフォームを分解や再構築してきた情報を、自由に引き出し独自のデザインに転換したものを制作していきます。しかし出発点の「クラシック」があるため、自由でありながら、安定したデザインなので、まとまりがよく想像以上に制作しやすいパターンです。幾重にも広がるスタイルを考えていくことが可能となります。

Design/Takuzou Fukamachi

Chapter 2　伝統的スタイルで学ぶ

その他のクラシック
ドーム

ラウンド（円形・丸）とは異なり、クラシックな分類では、最古の様式を経ています。
ドーム（英：dome）は、建築における屋根の形式の1つで、半球形のことです。プロポーションは時代や背景によって変わります。

Chapter 2 　伝統的スタイルで学ぶ

39

その他のクラシック
ピラミッド

四角錐、三角錐、円錐のようなかたちで、横から見ると三角形のスタイルを言います。例えば上部へいくととがっていき、下部に向かって広がっているかたちです。全面展開しているのも特徴の1つです。

Design/Harumi Abe

Design/Kakeru Wada

その他のクラシック
ボーゲン

建築の2つの柱と梁のことで、古代建築においては大変重要な役割を持っています。下部空間を大きく得るために活用することが多く、丸（ルント）を代表として、さまざまなかたちが存在します。

ルンドゥ ボーゲン
Rundbogen
丸い

フラッハ ボーゲン
Flachbogen
平ら

シュピッツ ボーゲン
Spitzbogen
先のとがった・鋭い

フーフアイゼン ボーゲン
Hufeisenbogen
馬のひづめ

Chapter 2　伝統的スタイルで学ぶ

Design/Harumi Abe

その他のクラシック
オーバル

オーバルは、幾何学で卵形・長円形・楕円形や、あるいは楕円に似た曲線のことを指します。明確な定義がなく、さまざまな曲線がオーバルと呼ばれていますが、花のデザインでは主に「卵形」が代表的なかたちです。

Chapter 2　伝統的スタイルで学ぶ

低いトライアングルデザイン

日本ではあまり使用されていないかたちですが、古来よりプロポーションの異なるトライアングルデザインとしてありました。古典的ではありますが、まずはかたちを理解できないと他のパターンを紹介できないので、ここでは古典的なテクニックしか使用していません。

45

〈低い〉新古典

ノイ クラシッシュ
neu klassisch

p30で紹介したノイクラシッシュのプロポーションが低いバリエーションです。考え方は同じく「空間と交差」を入れていきますが、プロポーションが異なると表現方法やテクニックも変化していきます。

Chapter 2　伝統的スタイルで学ぶ

47

Design/Kenshiro Minaminakamichi

古典的フォームの新解釈
クラシッシュ フォルム ノイ インタープリティエルト
klassische Form neu interpretiert

プロポーションの低いトライアングルデザインですが、それぞれの主軸の役割を分解し、再構築したパターンです。画期的であったこのパターンは世界中に広まるものの、元々がクラシックの仲間であったことを忘れてしまったケースもあります。明確にクラシックだったことを踏まえ制作にとりかかってください。

Chapter 2　伝統的スタイルで学ぶ

49

Chapter 2 解説

◎システム
「クラシック」

◎ポイント
「ブリティッシュトラディッショネル」「ノイ コンヴェンチオネル」

➡ 📖は、花職向上委員会のシリーズ本を参照してください。詳しくは p3「本書の構成」をご覧ください。

　クラシックとは「最高クラスの」という意味ですが、ここから転じて古典・格式のある意味でも用いられることが多いようです。歴史的に長く、評価の定まったものを「クラシック」と呼びます。花の世界でも同じように「最上級の古典」を意味しており、アレンジメント全般をそうは呼びません。

　トライアンギュラー（三角デザイン）、ドーム、オーバル（楕円）、ピラミッド、ボーゲンのみがクラシックの仲間となります。その他の「型」のあるものは、単にアレンジメントと称します。

　この章では、トライアンギュラーを基本にクラシックの解説を展開していきます。

　ここから何百年経っても変化しないものを、歴史を垣間見ながら新しいデザインに転換していってほしいと願います。

Dutch and Flemish
（ダッチ アンド フレミッシュ）英

　1600〜1800年頃のオランダとベルギー地方の時代様式で、私たちは主に「花の絵」について研究をしています。クラシックの原点がここにあるようです。当時は花をデザインする職人さんも花屋さんもありませんでした。画家が季節ごとにそれぞれの花をスケッチして、空想で花瓶に花を活けたものが、この頃の花の絵だったようです。

　よく見ると、季節も植物の長さもバラバラで、現代では再現できるでしょう。また、テクニック的にもすばらしいのは、この絵が画家による空想の世界だったということです。

　こういった絵画から、表現の世界の話や、キリスト教を背景とする話もできますが、今回は「フォーム（型）」の話となります。フォームは、オーバルをはじめとした「クラシック」なフォームでまとめられています。

　後に研究がされ、これらのフォームで制作するクラシックが誕生することとなります。

Traditionelles triangel Design
（トラディッショネル トライアングル デザイン）独

　資料で残っている最古のトライアングルデザインは、ダッチ アンド フレミッシュの花の絵が媒体になっている、古典的なフォームとなります。

　私たちが慣れ親しんでいる言い方ですと「主軸」はほんのわずかにしか存在していません。

⑴ コンテナ（器）の倍の高さの主軸（Height）
⑵ 奥行きを出すように後ろにやや倒しながら（Depth）
⑶ 中央から45°開いた場所に（Width）
⑷ 中心には汚れ無き白の花（Focus）
　その隣にはコントラストで赤の花
⑸ アウトカーブで緩やかで豊満なアレンジメント

アンブロジウス・ボスハールト
『窓辺に置かれた花瓶の花』
写真：Artothek／アフロ

50

少ない情報と、アウトカーブなどを考慮すると、少しハードルが高いアレンジメントです。

より制作しやすいスタイルに研究されたものがあります。そちらを明確にマスターするのが最も効果的です。「ブリティッシュ トラディッショネル」といいます。

Periode Container
（ピリオド コンテナ）独

クラシックには、最適な器が存在しています。

クラシックの5つのフォームは、不変の型です。横書きの文の終わりに打つ点、終止符のことを「ピリオド」と言います。ピリオドの後には、文は展開しません。このようにピリオドとは終わりを告げた意味となります。

Periode design（ピリオド デザイン／独）はヨーロッパの古典的時代様式を主にさします。ピリオドの意味をそのまま、これ以上発展しないデザインと言い換えられるものです。

一方、その時代様式の器を私たちはピリオドコンテナと呼んでいます。

私たち人類が生んだ最上級の器（デザイン）と考えています。

ポンペイ遺跡の中にあるピリオドコンテナ

写真：イメージナビ

いつの時代からあるのか？ 誕生は定かではありませんが、今から約2000年前のポンペイ遺跡からも発掘されています。この器の多少のデザインを変更しながら今もなおつくられている器（コンテナ）というところが、すでに最上級に古典的です。

そのため、ピリオドコンテナの上に来るのは、ピリオドデザインでなければならないと考えています。

こういったことから、通常このようなピリオドコンテナの上には、クラシックがとてもよく似合います。

様式を分断

本筋とは異なりますが、ピリオドコンテナの上には、クラシック以外のものを挿すと、様式が分断されます。それをあえて狙っているのであればいいのですが、意味を解らず中途半端なアレンジメントはあまり好ましいとは言えません。

器の高さ

本来、ピリオドコンテナは台座が必要でした。先のトライアングルデザインでも、後にでてくる「ブリティッシュ トラディッショネル」でも器の倍の長さ（土台を含む）に挿します。まずはこの器の特徴を知る必要があります。それぞれのデザイン（くびれ方、大きさ、比率など）を理解して、どれくらいの台座が必要かまず検討する必要があります。

Britisch Traditionelles

（ブリティッシュ トラディッショネル）独＜イギリスの伝統＞

イギリスではクラシックが研究され続け、明確なスタイルが確立されました。このデザインにおいて挿す1本1本には大切な意味合いがあるので、一度はしっかりと制作し、完全にマスターする必要があります。今後数百年経っても、不変なクラシックスタイルです。

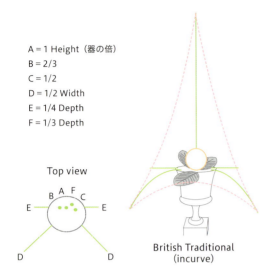

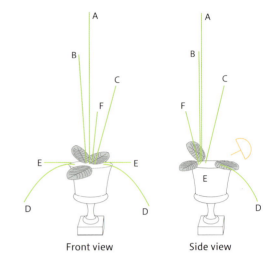

ABC 軸

3本の素材は共通のものを基本とします。ただしC軸に関しては、変化する場合も多くあります。

A 軸：ストレートで強い感じの植物をピリオドコンテナの2倍の高さ（仮想台座を含む）に挿す（器の前後1/3 後側に凛々しく垂直に挿す）。

B 軸：ストレートで強い感じのものを使用し、A軸とほぼ並ぶかのように挿します（A軸に対して2/3 の長さ）。

C 軸：少し手前に挿すことで、立体感を出すとともに、同種であればAB軸とのリズミカルな配置も容易にできます（挿し位置もやや手前に）（Aに対して1/2 の長さ）。

ストレートの感じの強い植物は、ラークスパー、キンギョソウなどが適しています。デルフィニュームに関しては、品種にもよりますが、中心の線がハッキリしているものであれば大丈夫でしょう。

また長さを測る時には、先端の蕾の部分は計測に入れずに長さを出すのが標準的です。

➡ 📖 基礎① p89 参照［物理上と視覚上の違い］

D 軸

D 軸：前方へ中央から45°の位置に挿します。（A軸に対して1/2 の長さ）自然にたわみが出る植物を使用するのがよいでしょう。

※必ずA軸の基点よりD軸が両側で90°になっていることを確認します。

相応しくない植物は、ストレートで感じの強いものや、自然界で上昇形態のように「上に強く伸びていく植物たち」です。水仙、フリージア、ラークスパー、ユリ系、ネリネなどが相応しくない植物です。

また基本は45°程下方に垂れる植物が最適と言われていますが、無理に下から上に挿したり、強引に角度をつけるのではなく、自然に垂れる程度で十分です。

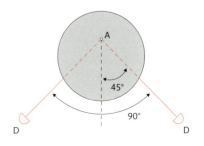

E 軸

E 軸：奥行きを出す為に（A軸に対して1/4 の長さ）。

使用しない植物の蕾部分でも、大丈夫です。非常に存在は薄いかもしれませんが、最終のアウトラインを切る時に重要となるので、必ず入れておきましょう。

F 軸

F 軸：力学的なバランスと奥行きをとるために後方へやや倒して挿します（A に対して 1/3 の長さ）。テイクバックと同じように入れます。

➡ 📖 基礎① p89 参照［テイクバック］

　ここでの植物は、後方で消えそうな場所ですが、最後まで見えるような工夫をしてほしいと思います。例えば色などが目立つような植物を選択したり、あまり小さな植物は避けたほうがよいでしょう。

器を保護する葉もの

　ピリオドコンテナはとても貴重なデザインだと理解が進んだことと思います。これらの器には、大変高価なものが多く存在します。吸水性スポンジが無い時代には、特に最初に器の口にぐるっと一周、「葉もの」を配置してから制作したようです。

　「葉もの」は溶けずに枯れる植物を使用します。ゲイラックス、レモンリーフなど（シクラメンのように溶けてしまう葉ものは使用不可）。それは、器を植物で汚さないようにするためです。

　現代、そして後世にもそのピリオドデザインの文化継承のために、コンテナの口をカバーするように面の大きな葉もので覆うようにします。ただ 1 周でなくても例えば、3 枚程度をリズミカルに配置していきます。またクラシックデザインを進めていくと、このように口元に葉ものがある程度あると、クラシックの印象が強くなっていくことが理解できるようになります。

フォーカス

　作品の中心ですが、基本的な片面のアレンジメントと同様の気配りで大丈夫です。上下の高さ位の 1/4 の部分に挿します。

➡ 📖 基礎① p88 参照［フォーカス］

　特に D 軸の垂れ下がり具合で変化しますので、その点も含め確認をしていくとよいでしょう。

仕上げ

　主軸に沿ってアウトラインは、インカーブにて制作していきます。植物の自然な生長に注意し、窮屈に花を並べ、押し込めないようにアレンジメントしていくのが基本となります。

　挿し順、配置、フォーカスラインなど、基礎を確認しながら進めていきます。

➡ 📖 基礎① p83 〜参照［アレンジメントの手順］

　こういった古典的なフォームは、ヨーロッパ建築などの内装にもよく似合います。古いデザインだからではなく、今後もさまざまな場面で使用することができるでしょう。

アメリカンスタイル

　ここに記載してある内容は、ヨーロッパの歴史を中心に記載しています。日本は終戦後、アメリカから花のデザインを輸入しており、上記のような流れは、20 世紀後半になってから日本に情報が入るようになったものです。現在でも情報が入り乱れている原因は、そういった歴史の中にあったのでしょう。何を目的にして制作するかによって異なりますが、古典的なクラシック（トライアングルデザイン）は知っておいたほうが、今後の発展につながるでしょう。

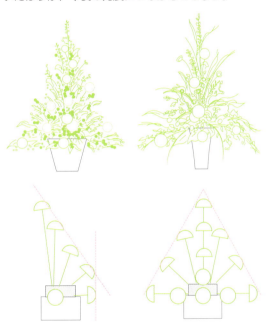

natürlich klassische Form
（ナチュアリッヒ クラシッシュ フォルム）独 <自然な古典的フォーム>

　ノイ クラシッシュと同時頃に誕生したと言われる、クラシックフォームの表現方法の 1 つです。このスタイルが今後、流行することも、商売的によく売れることも無いとは思いますが、歴史の 1 ページとして、紹介していきます。

＜ポイント＞
⑴ 植物の自然な動き（特質）を見抜く
⑵ 植物の操作を繊細に操る
⑶ 空間の活かし方を考える
⑷ 葉一枚の動き（性質）を見落とさない
⑸ 植物の生長を活かす

　全体のフォルム（かたち）はブリティッシュ トラディッショネルにある程度即したほうがよいでしょう。その古典的フォームの中に「自然な感じ」に仕上がるようにするには、植物がどこから生えて、どのような動きをして、咲いているのかが、明確に判断できることが望ましいでしょう。

　言い換えれば、植物を重ねてはいけません。交差もしてはいけません。姿（ゲシュタルト）そのものを明確に見せる行為が重要となります。
➡ 📖 基礎① p22 参照［ゲシュタルト］

　古典的なクラシックとは異なり、全体に空間が必要となります。リズミカルな配置と、大きな空間を取り入れるようにします。また、花材は、あまりキャラクターの強くない（存在自己主張の強すぎない）植物が最適で、自然観豊かな（パーソナリティー豊かな）植物がよいでしょう。

　ベース構成は、自然な植物の葉などで隠すようにします（※自然にベースを隠すテクニック）。

　また動きが全面に見えるほうがよい作品になるので、動きのある（aktiv：アクティブ・能動的）植物は、極力外側へ扱い、動きを全面に見せてあげます。一方、動きをあまり感じない（passiv：パッシーブ・受動的）植物は、内側へ配置し、安定したフォルムづくりに活用して、アクティブな植物と対比させることで、より緊張感あふれる作品に近づけることができます。

自然にベースを隠すテクニック

　自然にベース（例えば吸水性スポンジ）を隠す必要があります。植物の「葉」を最大限に活かすことも重要な要素です。このテクニックは、他のどのアレンジメントにおいても有効なものです。途中の葉を切除することで、空間がうまれ、動きがより目立ってきます。

neu klassisch
（ノイ クラシッシュ）独＜新古典＞

　1990 年初頭頃、新技術として誕生したもので、最大の効果は「空間と交差を活かした」クラシックフォームです。古典的なクラシックフォーム（特にブリティッシュ トラディッショネル）を手本にしている形式で、時代に即して「空間」をより多く取り入れることで、軽快になり、新技術でもある「交差」を施したものです。

　もちろん現代からするとさほど新しい感じは出ませんが、歴史の１ページとして認識し、花の技術向上に役立ててください。

　制作手法は２通りあります。
⑴ 細かな交差を全面・また首尾一貫して制作する。
⑵ ダイナミックな空間を演出し、効果的で少量の素材で、最大の効果がでる交差を取り入れる。

　いずれにしても、より高い位置に交差が必要となります。より高い位置とは「吸水性スポンジ」より遠い場所をさし、D軸方面にも配慮が必要です。またこういった場合には、足元に多くの交差や重なりが無いほうがより効果的で、足元への配慮で作品の出来具合が変わってきます。

modern klassisch
（モデルン クラシッシュ）独＜モダン クラシック＞

　歴史的な流れの中では、それほど大きな主流ではありませんが、このようなパターンも誕生してきました。これは単純にクラシックフォームの分解と再構築がされたことになります。

　古典的なフォームでは、最初の基点がA軸になります。B軸、C軸はA軸に対してのリズムであった

り配置の問題です。中央に（ほぼ）頭をそろえた大きな主張の花たち全体でA軸を形成します。A軸の役割を考えてみると、トライアングルデザインの頂点で、視覚的「点」となる存在です。

一方、下部はすべてD軸に転換しているものです。こちらは全面展開でもトライアングルデザインの下部の2点をとらえることができればよく、全体のフォームから三角のデザインであることが認識できます。フォーカスはここでは必要なく、構図の流れだけを注視すればよい話となります。

A軸は、器の倍の高さ以上になってもかまいませんが、A軸とD軸の比率（2：1またはA軸の1/2）はある程度守ったほうが整いやすくなります。

クラシックスタイルの1パターンではありますが、現代でも有効な手段の1つです。

new conventional（ニューコンベンション）英

このスタイルは、世界中に広まりました。しかし情報がしっかり伝わった訳ではなさそうです。

ヴァーティカル（垂直）とホリゾンタル（水平）のデザインの混合のような解説でこれではトライアングルデザインの革新とは言えないものとなります。元々の考えを詳しく見ていきましょう。

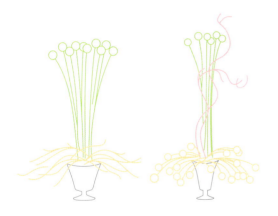

neu konventionell
（ノイ コンヴェンチオネル）独＜新在来の＞

クラシックフォームが明確な分解・再構築を経て新しい時代の基盤になったのが、このテーマです。

古典的なトライアングルデザインをここまで再構築できたことで、さまざまなデザイン的なものを誕生させることが可能となりました。これを経由していかなければ、次なる時代が無いのかもしれません。この章の一番重要なところです。

A軸の形成

A軸の役割は、先にも出てきましたが、トライアングルデザインの先端の3つの点が結びつくことにより、三角形の象徴が出てきます。それがこのトライアングルデザインのいいところです。その最先端（トップ）を担うのがA軸ですが、全体でA軸（ひいてはBC軸も同時に）を担うことが可能となります。

器全体にパラレル（平行）的に挿し、A軸を形成していくのですが、言い換えれば「静止とリズム」としてもよいでしょう。もちろんそればかりではありません。

➡ 📖 基礎① p114、p122 参照［静止とリズム］

A軸の動きの中には、硬直した線、揺れた線、を混合させ、全体に動きのバランスを整えることも必要となります。

長さの判断は、すでに「器の2倍」からはるかに超えていくこととなります。その長さの関係はD軸と密接に関係します。

分解図

D 軸の形成

トライアングルデザインの角3点のうち2点はD軸で形成します。D軸の位置を再度確認しますが、より自由度が上がります。要するに三角形の点3つが結ばれ、トライアングルデザインになっていることが重要なのです。

トライアングルデザインの利点は、3点が結ばれて、安定したデザインであることです。その3点の位置により、不安定になったり安定したりします。

D軸がどの位置に存在するかによって、かなりイメージが異なります。例えば両側のD軸の位置が上に上がれば、おのずとA軸はより高くしなければ、プロポーションが整いません。また下方にある「複数焦点」との兼ね合いも重要となるでしょう。

複数焦点

元来このテーマは、複数の焦点が確認できなければなりません。そこが非常に難しい部分です。足元を隠したり、一焦点のような動きで仕上げたりすることがタブーとされます。

言い換えれば、すべてパラレル（平行）に挿すことが一番なのかもしれません。しかし花材によっては、それが困難になることは、言うまでもない問題です。

足元（花器口）に全面に植物を配置するか否かは、自由ではありますが、少し注意しておくほうがよい点もあります。

➡ 📖 基礎① p123～参照［花器との関係］

このテーマはクラシックフォームの世界では、かなりの革新的なものとなりました。これらを経て、クラシックフォームの世界は広大で楽しいものになりました。

まずはこのテーマのすばらしさを知っていただき、実戦で活かしてほしいと願います。

先人の研究に感謝します。

klassische Form individuell
（クラシッシュフォーム インディヴィドゥエル）独＜独自のクラシックフォーム＞

独自のデザインを自由に取り入れ、クラシックフォームをデザインしていきます。

まずは先のノイ コンヴェンチオネルのA軸、D軸の解釈がデザインの幅を広げてくれます。トライアングルデザインという安定したスタイルの中で形成していくので、どのようにしていってもまとまって見えるのが利点です。

例え左右や上下のバランスが崩れても問題ありません。

ただモダンクラシック以降のトライアングルデザインにおいて、A軸とD軸の比率はある程度守ったほうが、成立します。安定したデザインを最大限に活かすためには、ここまでの情報が不可欠でしょう。

トライアングルデザインは、さまざまなテーマを取り入れながら制作していくことができるデザインです。

低いトライアングルデザイン

日本ではあまりなじみのないスタイルのようですが、A軸（B、C、F軸も共に）が短くなったスタイルも「クラシック・トライアングルデザイン」の1つです。この場合プロポーションの関係もあって、D

Chapter 2 伝統スタイルで学ぶ

軸は90°より広がることも想定でき、最大180°まで展開します。

D軸の長さは、基本的なプロポーションより短くならないように注意してください。

また基本は片面でのデザインですが、両面での制作も歴史上あったようです。

neu klassisch（ノイ クラシッシュ）独＜新古典＞

低いトライアングルデザインでも、空間と交差を取り入れて、新しくクラシックフォームを構築することが可能です。考え方としては、基本的なノイ クラシックと同じものです。

klassische Form neu interpretiert
（クラシッシュフォルム ノイ インタープリティエルト）独
＜古典的フォームの新解釈＞

低いクラシックフォームは、あまり大きな作品では表現できないこともあるのか、独自のデザインを取り入れることは難しいようです。しかし歴史的にはこのスタイルが最終の発展形の考え方となります。

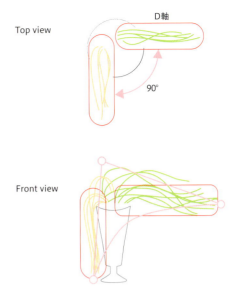

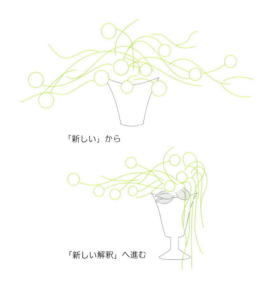

「新しい」から

「新しい解釈」へ進む

D軸の関係は、上から見た時に90°に展開しているルールがあります。そういったトライアングルデザイン（低いバージョン）を分解と再構築をすると、上から見た時の展開角度さえ守れば、クラシックフォームだと解釈することも可能です。ただし、D軸の2か所とA軸らしき存在があって、3点を結び安定したクラシックだという観点は変わりません。

その配置の構築、分解のスタイルは、後にさまざまな用語（テーマの名称）がつけられ、このスタイルも世界中に広まったものです。これが起源だということを念頭におくと、デザインの可能性が見えてきます。

その他のクラシック

冒頭で紹介したように、クラシックスタイルは、5つあります。この章では基本的に「トライアングルデザイン」の発展などが中心になっています。その他のスタイルの場合、トライアングルデザイン程の細かな歴史や発展はありませんが、同じようにスタイルの中で、時代に即した進化を遂げています。

ドーム・オーバル

比率が大切なスタイルで、高さと幅（時に奥行）もしっかりとした安定のプロポーションをとっていきます。ここに近似黄金比率などを入れていくとよいかもしれません。

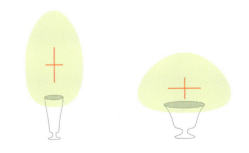

ピラミッド

花のデザインでのピラミッドは、エジプトにある「ピラミッド」（四角すい）とは異なります。
(1) 背が高く先端は細くなっていく
(2) 下部は大きく展開する
(3) 基本的には、インカーブのプロポーションで、全面展開のもの

57

これらピラミッドは、デザインを取り入れやすく、大きく発展も可能なスタイルです。まずは基本的な比率などを学びスタイルを覚えること、その次にインスピレーションやさまざまなテーマを取り入れて、デザインに進めることが望ましいでしょう。

ボーゲン

Bogen Form（ボーゲンフォルム／独）は、「アーチ形」と訳さないと意味が変化してしまうので、注意が必要です。ボーゲンは、建築での窓、門、橋などの開口上部くさび形の石や棟瓦を組み上げて曲線状に構築したもの諸種の形式があります。これはギリシャ時代、またはポンペイ遺跡からも発掘があったように、古代文明の建築において重要な要素となっています。柱の力をアーチの形によって分散させ、大きな建築物も可能とした建築的要素が強く、現代では洋風庭園や祝典会場などに設ける門などにもこのアーチ形が多く使用されています。

花のデザインでは最も安定したスタイルとして、上部が膨らんで最大の厚みがあり、全面展開（360°四方見）で、先端に行くほど細く仕上げるのが定番です。これは花の世界では器から展開することが基本となるので、花器口付近にフォーカスがくるためですが、ボーゲンフォルムにとって重要なのは、内側のシルエットとなります。

建築などで参考になっているシルエット見本を参考に制作していきます。花のデザインでは「ルンドゥ・ボーゲン」（p43 参照）が多いですが、それに限ることではありません。

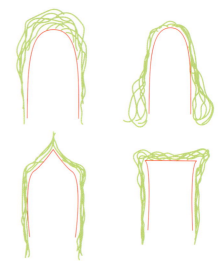

例えば、上部が一番の膨らみがあるのが基本だとしても、シルエットを守ればボーゲンは、逆転発想も可能となります。

しかし非対称での制作には、鞘がありそうです。

Chapter

3

植物から誕生した構成

「空間と動き」自然界からの抽出

自然界から学び取られたものは「植生的」以外では、
さほど多くはありません。
その中でも、今後も活用が期待される構成を
紹介し、解説していきます。

「空間と動き」自然界からの抽出

自然界から抽出した植物の動きは、大きく分けて三段階あります。その三段階の動きを各パーツに分けてそれぞれ研究したものです。さまざまな場面で活用できる、動きの構成となります。

ガチャガチャ壊れそうな自然界の動きのテーマを出発点にして、現代的なメルツの考え方をプラスした作品となります。地域の特性を活かし、より特殊な動きをもつ植物を活用したデザインとなります。
何気なく見ているいつもの風景にも、今まで見えなかった動きがあるのかもしれません。今一度身近なところから探してみると、新しい発見があるのかもしれません。

Design/Mari Adaniya

自然に織り込まれていく葉（リュウノヒゲ）の動きは、自然界そのままの動きの1つです。織り込まれた様相、スワリングの動きもプラスして、自然界の動きをテーマに制作した作品です。視覚的なバランスをよりモダンにした場合でも、自然界の動きは作品によくあいます。

Design/Kenji Isobe

1980〜90年代には、さまざまな表現の調和やテーマが誕生しました。最も花のデザインが成長した時代です。
この構成を筆頭に、自然界から受けたインスピレーションで発展する世界観がさまざまなデザインに活用されていきます。
森や林の一角、ワンシーンを起点としたデザインを抽出した構成は、元々あった自然界の印象より大きな解釈に発展し、今後も活用され続けることでしょう。

Chapter 3　植物から誕生した構成

骨組み
Gerüst

最初にとりかかる大変重要なテーマと位置付けています。解説文では、これらの手本となる注意ポイントを細かく記しています。写真ばかりを参考にせずに、中身のテクニックや配置にも注意してください。
また選ぶ器によって、仕上げ方のセオリーも異なってくるので、一例として参考にしてください。

Chapter 3　植物から誕生した構成

巻かれた
Gewickelt
（ゲビッケルト）

巻かれた動きのデザインでは、多くのパターンを目にします。それらの出発点は、最初は自然界でした。自然界の出発点を厳粛に守ったもの、やや誇張して巻かれたイメージを強く持ったものなど、さまざまです。
自然さの度合いとは少し異なりますが、こういった出発点（自然界）の度合いは、作品のイメージを形成するものです。その場合でも自然さの度合いの強さにより良し悪しがあるわけではありません。

Chapter 3　植物から誕生した構成

織り込まれた
フェアヴォーベネス
Verwobenes

最初の出発点の「織り込まれた」作品は、もちろん自然界の無秩序に展開した世界観です。素材との出会いももちろん重要ですが、システムや法則のない無秩序の「織り込まれた」動きをどのようにするかは、デザイナーによるインスピレーションや自然界の観察によって生み出されるものがほとんどです。法則がない＝無秩序である＝高度な技能が必要となります。

Chapter 3　植物から誕生した構成

織り込まれた
（システム）

織り込まれた作品は、ランダムにうねった植物でなくても制作は可能です。まず左ページでは「横運動」だけで相前後しながら挿していくと、このように織り込まれた様相になっていきます。右ページの作品は、それを応用し、活用していったものです。
詳しい制作方法は、解説ページ（p81）をご覧ください。

ゲリュスト
（インスピレーション）

ゲリュストは自然界からの印象（解釈）により、誕生した構成です。その構成をさまざまなデザインに自由に活用していきます。動きの解釈を進めたり、閉じた輪郭、オブジェクトハフト、花束など、活用方法はさまざまです。

Design/Mai Yanagi

Chapter 3　植物から誕生した構成

71

旋回〈渦巻く〉

スワリング
Swirling

「巻かれた」構成は、巻く行為、巻かれる方向、全体の流れなどが必要で、それ以上の発展ができませんでした。そこでこういった動きそのものの「旋回」「渦巻く」をテーマに、自然界とは関係ない動きのテーマに転換したものです。今まで表現できなかったスタイルへの挑戦が楽しくなっていきます。

Chapter 3 植物から誕生した構成

スワリングは、巻く行為以外でも表現でき、さまざまな造形にマッチングした動きのテーマです。器の形状も様々なものが使用でき、オブジェクトハフトに至っては、基点が必要になる代わりに、デザイン・造形力が発揮できます。

73

織り包まれたもの

ウムヴォーベン
umweben

「織り込まれた」構成では、細かいテーマが誕生しています。その中の1つで中心に塊や何らかの物体があり、その周りを「織り込まれた」動きで包み込むパターンです。

包む形状や度合によって、テーマは変化していきます。

Chapter 3　植物から誕生した構成

豪華な
オプレント
opulent

料理でいう「豪華」という表現方法ですが、花のデザインでは、過去より引き継がれたスタイルに2種の考えや動きを入れることにより「豪華」「くどい」を表現しているものです。
代表的な手法として「マス」で埋められたところに、「織り込まれた」ものを追加して完成させます。ここにはある程度、古典的なスタイルが必要だと言われています。

75

Design/Yoko Kondo

Chapter 3　植物から誕生した構成

さまざまな「織り込まれた」作品

横運動（システム p68）だけでも織り込まれた様相ができることが解っています。そのシステムを活用して、視点の異なる「織り込まれた」作品も制作可能です。
この章で紹介している動きの構成は、まだまだ表現の幅が大きなテーマです。

Chapter 3 解説

◎システム
「自然界の動き」

◎ポイント
「ゲリュスト」「スワリング」「フェアヴォーベネス」

➡ 📖 は、花職向上委員会のシリーズ本を参照してください。詳しくは p3「本書の構成」をご覧ください。

　1950年代に大きく自然界への配慮、いわゆる「植生的」などが研究され、これ以上自然界より学び取ることはないものかといわれていた矢先、1969年にパラレルという構成（テクニック）が世に発表されました。単純に、まるで生えているかのように平行に挿すことを基準としたこの構成に、花のデザイン界は大変熱狂しました。

　この時、多くの花のデザインを研究している人は、手のフレームなどで覗き見て、自然界を切り取ったように再現できないかと、森や山を散策するのが流行しました。

　こうした試みの中、誕生した表現は多いのですが、その中でも後世にも受け渡す必要がある重要な「構成」が1つ誕生しました。それがこの「ゲリュスト」から始まる動きの連鎖による構成です。

　この構成は、前々書「基本セオリーがわかる花のデザイン」にて簡単に紹介済みですが、ここでは基礎としてしっかり解説していきます。
➡ 📖 前書④ p85 参照 ［ゲリュスト］

ゲリュスト
Gerüst（ゲリュスト）独＜骨組み＞

　ガチャガチャ壊れそうな動きの形態を言います。ゲリュストとは骨組みのことで、直訳すると、建築などでは柱などの骨組みにあたります。例えば花束の土台をゲリュストと言ってみたりします。

　ここでいうゲリュストは、最後まで（完成したとしても）骨組み状態が見えるようにするために、テーマの名称としてこの用語が使われるようになりました。

　最初の一歩として、このテーマそのものは、自然界からの動きの抽出なので、自然風を出発点として、ある程度は自然に則したほうがよいでしょう。
要点をまとめると、
(1) リズミカルな配置が必須です。
　➡ 📖 基礎① p18 参照 ［リズミカル］
(2) 非対称で制作するのが基本です。
　➡ 📖 基礎① p40 参照 ［重点や密集と拡散などに転換］
(3) 仕上がりに美しいフィギュアが必須です。
　➡ 📖 基礎① p58 参照 ［フォルムとフィギュア］
(4) 挿し順は外観を配置後に重要となります。
　➡ 📖 基礎① p84 参照 ［挿し順］
(5) テクニックは複数焦点となりますので、基本的には「引き戻す行為」が必須となります。
　➡ 📖 基礎① p104 参照 ［A＝Z］
(6) 自然風を出発点にしているために、植物のキャラクターは活かすようにしていきます。
　➡ 📖 基礎① p118 参照 ［自然風（植物の内面を知る）］

　そして最初の基本形は、丸型のバスケットなどで制作します。最初に外観（大きさや容姿をある程度決める手法）を形成していきます。この時に、バスケットの口より大きく外へ展開するようなゲリュストの動きを必ずつけるようにしていきます。またその時に「引き戻す」動きもプラスできると、よりよいゲリュストであったり、引き戻す効果が得られます。次のパターン（重点の移動）の作例を参照してください。

　後は、⑴〜⑹の注意ポイントを考慮しながら進めるのが基本です。

Chapter 3　植物から誕生した構成

パターン（重点の移動）

　特に出発点でもある「ゲリュスト」は基礎を習得するのに大変便利な構成です。絶対ではないのですが、一番簡単な進め方を記載しておきます。

(1) 枯枝などでゲリュストを形成していきます。ここで外観も揃ってきますので、フィギュアに関しても注視してください（見本では重点が右側にきています）。

(2) 挿し順に従って挿していきますが、ゲリュストが混みあっている（重点のほう）には入れづらいので、その逆に多くの素材を入れていきます。そしてリズミカル、A=Z（引き戻す効果）へ配慮しながら挿していきます。

(3) 仕上げまで進めていくと、重点が当初の方向と逆になるのが確認できます（重点は左側に移動）。

▲ 重点

▲ 重点

必ずではありませんが、一番入れやすい法則ですので、ぜひ参考にしてください。

▲ 重点

デザイン

　ゲリュストの基本的な効果を習得したら、ぜひゲリュストを出発点とした、さまざまなデザインにチャレンジしてください。本書にアラカルト（デザイン紹介）のページが無いのは、これらのテーマを自分なりのデザインに転換することができるからです。

　出発点が同じもので、歴史的な発展があるものが、デザイナーの手によって、さまざまな表現に発展することも可能です。

79

巻かれたもの
Gewickelt（ゲビッケルト）独＜巻かれた＞

ゲリュストの次には「巻かれたもの」が出てきます。自然界ではガチャガチャとした枝などの空間に、つる性の植物が巻き付いていくことが多く確認できますが、これを模したものとなります。このテーマは「自然界」から誕生したテーマですから、必ずこの順番で記憶しておいてください。

ただ単に「巻く」「ぐるぐる」といった考えではなく、出発点を忘れないようにしてください。

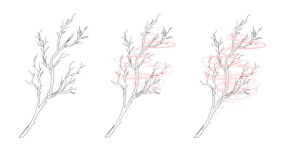

出発点を守ると、自然と相性も解ってきます。ゲリュストと「巻かれたもの」は非常に相性がよいものです。そこで基本的な手法としては、ゲリュストに書いたものと全く同じとなります。
⑴ リズミカルな配置。
⑵ 非対称で制作するのが基本です。
⑶ 美しいフュギュアが必須です。
⑷ 挿し順。
⑸ テクニックは複数焦点となります。
⑹ 自然風を出発点にしているため、植物のキャラクターは活かすようにしていきます。

最初にゲリュストをわずかに入れていきます。注意ポイントはゲリュストと全く同じです。特に花口より展開できるように（つる性のものをひっかけられるように）枝などを入れていきます。そのゲリュストに相性のよいつる性の植物（量販のバインなどでも可）をかけて、巻かれた動きを入れていき、外観を完成させます。

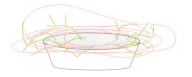

テクニック
テクニックの確認ですが、先の解説では「A＝Z（引き戻す効果）」を基本としていました。その訳は以下の図解を参照ください。
※ 一焦点の場合：巻かれた動きに反発するのでNG。
※ 旋回方向に挿す：否定はできませんが、やりすぎると自然風ではなくなりますので、適度な分量を入れる、もしくは反対方向もわずかでも入れることが重要です。
※ A＝Z：結局一番おすすめなのは、このテクニックでしょう。オールラウンド（360°展開・四方見）と言えども、デザイナー（作り手）にとっても正面は決めて制作するものですから、よりよいテクニックと言えるでしょう。

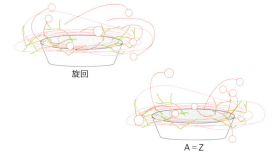

巻かれた動きの度合
冒頭で、巻かれたものの誕生は自然界にあって、最初はゲリュストにつる性の植物がゆるやかにかかっていき、次第に大きく巻かれていくさまが確認できました。これらを考慮して花のデザインとして「巻かれたもの」を形成していくと、動きの度合いがどれくらいか悩ましい点になっていきます。

答えとしては、ありません。ただゆるやかに巻き始めたもの、しっかり巻かれたもの、いずれもこれらのテーマに間違いはありません。最終的に仕上がった時に、どの動きの効果が全面に出ているかが重要な要素となります。

例えばこの作品（p65掲載）は、巻かれたものを出発点に制作しました。しかしつる性の植物の動き、または全体の動きの効果で次の「織り込まれた」作品になっているようにも見えてきます。制作者、見る側

の判断にはなってきますが、このように巻かれた度合によって、変化するものだと覚えておいてください。

織り込まれたもの

出発点がゲリュストだとして、つる性の植物が「ゆるやかに」巻かれていきます。次第に大きな流れが発生し、上下や左右にも「縦横無尽」に動いていくと、巻かれたものを通り越し、織り込まれたものに移行していきます。

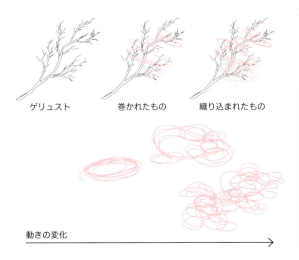

ゲリュスト　　巻かれたもの　　織り込まれたもの

動きの変化 →

これら3種の動きは非常に相性がいいと言えるのは、そういった動きの流れがあるからです。

自然界が出発点

Verwobenes（フェアヴォーベネス）独＜織り込まれた＞

これらはゲリュストからフェアヴォーベネスまで、自然界が出発点となります。

基本的な注意点は、全く変わりません。「リズミカル」「非対称」「フィギュア」「挿し順」「A=Z」「自然風」。

しかしこの「織り込まれた」作品において、自然風が一番難しいのかもしれません。なぜなら「無秩序」といい、システム（やりかたなど）が無いからです。とっかかりが無いものは大変難しいので、「横運動」の織り込まれた作品から習得していきます。

横運動

最初に制作しやすいのは、横長の器を選択し、横の動きのみで挿していくとよいでしょう。材料は揺れる枝ものなどが向いていますが、ミスカンサスのような、細くストレートな動きのものでも可能となります。

注意ポイントとすれば、
(1) 一焦点にならないようにする
(2) 線の動きが平行にならないようにする
(3) 1本だけの孤立をさせず、常に全体に交差するような配置に心がける

たったこれだけで「織り込まれた」ものが完成できます。理由は、縦横無尽に交差（織り込まれたもの）が入るからです。横運動だけに絞っているので、制作のしやすさもかなりアップします。縦方向は入れませんが、作品に厚みを見せるためにも、器の形状により前後に少しは振ったほうがよいでしょう。

また基本的な制作の注意ポイントは同一となります。

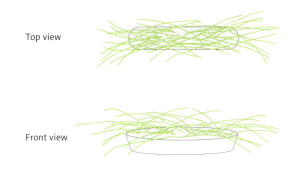

Top view

Front view

変則で五角形

次に丸形でも同じようなプロセスで完成まで向かっていけます。

丸型の器に五角形を描いてみます（実線でも架空線でも可）。その一辺に「横運動」を基本として動きを追加していくと、無秩序よりも容易に「織り込まれた様相」が完成します。もちろんある程度まで横運動に注視しますが、異なる線（入れ方）にしてもよいでしょう。あくまでスタートするまで間の、きっかけ作りのためです。

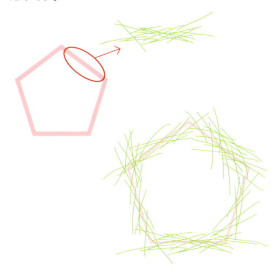

さまざまなテーマの誕生

無秩序（自然界）の織り込まれた作品から、基本的なものを習得するために「横運動」「変則で五角形」となっていきます。

フェアヴォーベネスを出発点として、1980-90年代には、大変多くのテーマが生まれました。花のデザインでは色々可能性のある動きのテーマなのでしょう。

一例：
・umweben（ウムヴォーベン）独＜織り包まれたもの＞（p74参照）
・opulent（オプレント）独〈豪華な〉（p75参照）
・Kleine Spindel（クライネシュピンドル）独〈小さなスピンドル〉
　ある程度の心棒を出発点として、その心棒に巻き付くようにデザインされたもの

その他にも大変多くのテーマが誕生していますが、すべてを紹介するより、フェアヴォーベネスの広がりを、時代にあわせ、自身のデザインのテクニックの一部として、ぜひ習得してください。

スワリング
Swirling（スワリング）英＜旋回（渦巻く）＞

「巻かれたもの」が世界中にブームを引きおこしてから、暗黙の了解であったり、それぞれ意味のない「ルール」が勝手に出来上がってしまったようです。その中で誕生したテーマがこのスワリングです。

基本概念としては、巻かれたものと同じようですが、基本的に自然界からの誕生ではありません。動きそのものを言うので

例1：海流などがぶつかり渦巻く様子で例えられ、大きなうねり、小さなうねり、またはうねりはじめたもの、個々が、全体がとてもスワリングである。

例2：つる性の植物を代表に、回ったり、うねったり、巻かれたり、織り込まれそうになったり、またはそれらの表情すべてが、スワリングである。

全くもって、大変広い解釈でありますが、「巻かれたもの」に足枷があるとすれば、それを外してもらったテーマで、今後もより多くのデザインが可能な世界と言えます。

出発点は、ただ単純に器からこぼれる動きなどを活用しますが、デザイン次第でどこまでも進化や時代にあわせたものが制作できそうです。

Chapter 4

花 束

「プロポーション」「テクニック」

基本的な花束の扱い「スパイラル」「パラレル」
「結束方法」の技術が備わっていることを前提に、
次のステップとして何が必要なのか、それらをまとめました。

Design/Shuichi Nagakubo

伝統的な「クランツ(環)」の花束であっても、その素材の選択、クオリティーを考慮して進めると、表現力豊かでどの時代に見ても美しいものが制作できます。
スタイルが古いからという理由で、作品の良し悪しが決まるものではありません。

「プロポーション」
「テクニック」

花のデザインにおいて、花束は1つの手段と考えています。
給水性スポンジに挿す行為と花束の違いは、手で束ねるか否かの違いだけであると認識しています。

Chapter **4**　花束

下組みを活用して制作しています。下組みは基礎的な要素も考慮し、さらに二層にすることで、植物の表情もとらえやすくなっていきます。下組みにデザイン性を入れることで、さらに表現力がアップするのもよい点でしょう。
Design/Kenji Isobe

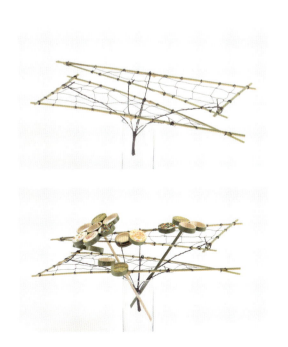

ここで紹介するのは基本的な操作ではなく、プロポーションとテクニックに特化した内容となります。花束独自の発展を掲載しており、花束としての基礎のすべてを記載しました。

一方、若干ですが花束独自の歴史もあり、今後も活用性が豊かだったり、記しておいたほうがよいものだけに厳選して収録しています。

表現やテーマなどは、アレンジメントなどと変わりがなく、どのテーマでも「花束で制作可能か否か」を今一度検討するとよいでしょう。花束は特別なものでないと考えて進めていくことが大切です。

85

モダンプロポーション
（ブーケホルダテクニック）

教科書の一部になっているものを、今一度「プロポーション」「テクニック」「利点」「活用例」などから整理し、このかたちを理解するところから始めてほしいと願います。今後も必要なテクニックだと思われるため、実際の花束ではなく、ブーケホルダでのパターンをピックアップしています。

Chapter 4 花束

87

モダンプロポーション
（花束テクニック）

「かたち」を理解したら、実際に花束で制作していきます。プロポーション、展開角度のタイミング、アンコの扱い方、そして握り方を含め、花束のテクニックが凝縮されたものとなります。テクニックは、格段の進歩ができるものだと考えており、ステップアップの題材として活用してください。

解かれた構成
(モダンプロポーション)

花束やブライダルブーケ（スタイル）にも「解く」という構成を入れることが可能です。解かれる法則は、その目的によって変化しますが、基本概念は同じです。花嫁が持つことに限定していくと、日本では左手に花束を持ち男性が右手側に来るのが一般的です。そうなると男性側でない外側に展開するのが基本です。しかし一部の地域や、他の国ではその逆もありますので注意が必要です。

Design/Machiko Saji

Chapter **4** 花束

91

Chapter 4 花束

枠組みのある花束

シュトラウス ミット ウムラームング
Strauß mit Umrahmung

さまざまなかたちの枠を使用して、その中に花束を制作するタイプです。
クランツ（環のかたち）が代表的ですが、それ以外のかたちでも制作でき、また枠の素材も色々と可能性が広がります。

93

Design/Mieko Yano

下組みのある花束

シュトラウス ミット ウンターフォーム
Strauß mit Unterform

通常花束を大きく、膨らむように制作するには、アンコを活用します。
しかしここでは、テクニックを助けるために「下組み」を活用するケースを紹介しています。非常に多くの場面で使用されているものです。テクニックの助けの観点で言えば、より細かな下組みが便利で、自身の技量以上の花束を完成させることができます。

Chapter **4** 花束

Design/Minoru Iimuro

下組みのある花束

シュトラウス ミット ウンターフォーム
Strauß mit Unterform

下組みは、テクニックの助けばかりではありません。デザインの助けにもなっており、すべての素材（花や異素材）を手で束ねなくても、下組みに組み込むことが可能です。
そうなると、どのようなデザインで進めたいか、どのような表現をしたいかで下組みを形成し、さらにテクニックの助けもあって、今までにない花束を完成することができるようになります。

Chapter **4**　花束

97

花瓶花束

バーゼンシュトラウス
Vasenstrauß

歴史的な発展をしていく中で、花束でありながら縛り目がないタイプのものです。花束専用の器を使用し、一番細くなっている部分が花瓶の口に来るように設置しています。
花束に縛り目が必要なのか否かも悩む作例の1つとして紹介します。

Chapter **4**　花束

高く束ねられた花束

ホッホ　ゲブンデナー　シュトラウス
hoch gebundener strauß

通常花束は、手の真上がフォーカスになります。その重心を高い位置に転移させることで、今までにないタイプが完成します。歴史的な発展の1つであり、日本にも輸入され、広まったスタイルです。

99

立つ花束

シュティシュトラウス
Stehstrauß

立つ造形をプラスした花束です。歴史的発展を経て、フィギュアが全面に出ていくなか、立つ姿がとても美しいものです。立たせるための「何か」は必要になってきますが、全体の空間にバランス、そして緊張感がある作品に仕上げるのが基本です。

Design/Shoko Ikeda

Chapter 4 花束

縁取りのある花束

（写真上段）Bouquetstil（ブケーシュティール・ブーケ様式／仏）は、テラーブーケから引き継いだタイプの1つです。様式をもった分、ある程度の決まり事も残っています。一方下段のマンシェテ（Manschette・カフス／独）には、歴史とは無関係なので自由な発想と展開が可能です。このように縁取りのある花束でもさまざまなものが存在しています。

横に展開する花束

花束は、贈呈用に限定したものではありません。スパイラルだから立つのではなく、スパイラルはテクニックの1つです。ステムカットの方向と角度に決まりがあります。さまざまな花束の造形を垣間見ると、気づかないうちに勝手にルールをつくったことが解ってきます。そのため、ここではわずかなパターンの紹介となります。

Chapter 4 解説

◎システム
「プロポーションの変革」「解かれた構成」

◎ポイント
「枠組み」「下組み」

➡ 📖 は、花職向上委員会のシリーズ本を参照してください。詳しくは p3「本書の構成」をご覧ください。

　花束の歴史的な名称などは、この章の最後に解説しています。花職向上委員会としては、花束の基本的概念は、単純に「手で束ねられたもの」と考えています。もちろん束ねた造形からの出発点や、束ねる行為によるものもあります。そのため、英語の「Hand Tied Bouquet ハンドタイドブーケ」が一番しっくりくる言いかたでしょう。

　量販店では、パックになった小さな花束。生花店では、ギフトラッピングをした花束。活けこみなどで束ねられたものがそのまま花瓶に入っている花束。どれも基本的な区別はありません。すべて束ねるという行為のもとつくられたものだと認識しています。

　アレンジメントでは多くの場合、吸水性スポンジが使われますが、それらと花束のデザインとしての区別も私たちにはありません。手段、行為、手法が単純に手で束ねているものだという考え方です。

　2018年現在の税制でドイツなどの海外では、花束に関しては税金を安くしている政策があります。これは花束や苗物は日用品で、アレンジメントは贈答品(贅沢品)と位置付けられているゆえの税率設定で、これにはフローリスト(花職)の技術貢献に一役かっているものと思います。

　ここで解説するのは、束ねる行為についてですので、仕上がりのバランス、重量などは別の問題だと考えています。例えばギフト用、贈呈用となれば、話は別になるのかもしれませんが、ここでは技術的に必要な情報をピックアップし、まとめていきます。

　基本的なスパイラルテクニックなどは、基礎科①に記載したものですが、それからのステップアップのために、歴史的な発展と細かな技術を中心にしています。

➡ 📖 基礎① p76 参照［スパイラル］

　また花束の歴史は古く、さまざまなスタイルに発展をしてきましたが、ここでは現在において必要不可欠な歴史とテクニックのみに絞って解説していきます。

モダンプロポーション

　丸いオールラウンドの花束では、表現力や造形力についてはこれ以上の発展はなく、「プロポーションの変革」が起こりました。

　図中の①は、古典的なラウンドのプロポーションです。比率は、1：1〜1：2程度の等倍比率です。

　さらにモダンの定義を考え、比率の変革をしていきます。縦横の比率の変革です。図中②のように横を広く高さを低くするのが主流になっていきます。

　しかし花束の宿命でもあるフォーカスには素材を多く集合させて制作していかなければなりません。図中③は、その条件と19世紀末から20世紀初頭に流行した、モデルニズモ(Modernismo)屋根建築の形が融合して生成されたスタイルといわれています(円蓋形：えんがいけい)。

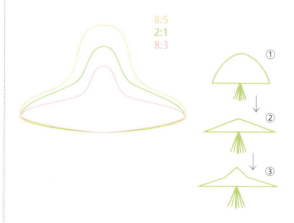

プロポーションのつくり方

　下準備が終わったら、まずは大きさの目印のために前後左右に数本挿していきます。日本人の標準体型から、直径 22cm 程度を基準に考えます。

　次にトップ(上)を挿していきますが、基本は使用する全種の花材が必要になってきます。上部の塊が全体でフォーカスになるからです。

　基本的な幅と高さの比率ですが、8：5、8：3、2：1が最も多く使用されている比率となります。

➡ 📖 基礎① p37 参照［比率］

　近似黄金分割の場合、基本の高さを直径÷1.618で計算します。

Case 8：5（直径 22cm の場合、高さは焦点の場所から約 13.5cm となります。）
Case 8：3（直径 22cm の場合、高さは焦点の場所から約 8.4cm となります。）
Case 2：1（直径 22cm の場合、高さは焦点の場所から約 11cm となります。）

そこまで行くと横からのプロポーションが見えてきます。一番低くなるところには、何らかの植物を配置しますが、構図の取り方には注意が必要となります。
➡ 📖 基礎① p87 参照［配置・構図（リズミカル）］

最後に、横から見たところで、ドームのアウトラインにある程度、つなぎの植物を配置して完成です。

ブーケホルダテクニック
Modern-dekorativer Brautstrauß（モデルン デコラティーファー ブラウトシュトラウス）独
「モダンで装飾的な花嫁の花束」が本来のテーマ名ですが、内容の理解を先行して考えた方が、今後の発展につながります。
元々あった、ただのドームでは発展のしようが無いので、ブーケホルダのバリエーションで覚えていくと解りやすいでしょう。

ワイヤリング
ブーケホルダの場合、最初に底辺の固定が重要です。手軽に固定ができる既製品（チュールなど）もありますが、基礎を学ぶ時は、しっかりとリーフで固定していきます。リーフはレモンリーフなどの形状がよく、ゲイラックスなどは不向きです。
またチュール用の穴に花（植物）を挿すことは、基本的にありません（※バック処理としてゲイラックスなどの葉ものを使用する場合はあります）。

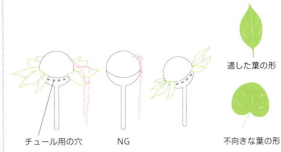

チュール用の穴　　NG　　適した葉の形

不向きな葉の形

しっかりと、底辺にチュールもしくはリーフを置くと、例えばハートカズラ、グリーンネックレス、ビーズやリボンなどが、上部より垂れ下がってきても、だらっと垂れ下がらないのも利点です。もちろんアイスキャンディーのようなデザインの場合には、これらの基礎的処理は必要ないでしょう。

ワイヤは、#24 を基本に使用します。
① 葉の表にワイヤをかけます（通常と反対）。
② #24 程度を基本として、デザイン上大きく出す場合には#22 まで対応可能です。
③ 基本サイズでは、リーフの中心程度にワイヤをかけます（これはしっかりとした底辺をつくるために必須の条件です）。

④ ワイヤは基本片方の先端のみ持ち、もう片方は一切触らないのがコツです。

⑤ ツイストする時は、極力ワイヤを長く、そして端を持つようにします。こうすることで、ワイヤは植物の形にしっかり締められるようになります。特に #18 以上のツイストの場合には効果を発揮するもので、日ごろから癖をつけるようにしていきます。

⑥ 触ったワイヤを根元からカットして、触っていないほうのワイヤをフォルダの底辺にまっすぐ挿していきます。

※写真では、ワイヤを見やすくするために、赤く着色しています。

⑦ 反対側に突き出たワイヤは、底辺以外の近くのプラスチック部分まで持っていき、1cm以下にカットし、手またはラジオペンチなどで折り曲げて固定します。

⑧ 極力底辺のみに挿していき、隙間なくリーフを一周させます。

花嫁の花束（ブライダルブーケ）の持ち方

花嫁の花束には持ち方があります。花嫁に事前に持ち方を伝えるのも花職の仕事だと考えます。基本的に、オールラウンドの花嫁の花束の場合、ホルダは「直タイプ」を選ぶようにします。傾きのものは、本来下に垂れ下がるものの場合にしか使用しません。

花嫁の手は、古典的には隠すのが基本ですが、完全に隠すことはできないので、いかに美しく持つかがポイントとなります。間違っても5本の指全体で握るのは美しくないので、注意したいところです。ラウンドスタイルで傾きを使用する場合には、この状況も想定できるので、極力「直タイプ」のホルダを使用します。

そこで通常は、小指または小指＋薬指をステム（ハンドル）の内側に入れて、中指＋人差し指で囲い留めます。親指は、やや押すようなイメージで持つのが基本です。

写真撮影はさておき、通常は手首を腰骨にあてるような感じに持ちます。

そうすると、自然に前に倒れて、正面から見て、ラウンドがきれいに見える状態になります。また垂れ下がる場合には、傾きを使用すると、無理に花の角度を変えずとも、自然に最後は下を向くようになります。持ち方を知らないと、ブーケホルダの選び方を間違う場合があります。

花束テクニック

Modern-dekorativer strauß（モデルン デコラティファー シュトラウス）独＜モダンで装飾的な花束＞

基本的なスパイラルテクニックは、前書 基礎①を参照してください。

➡ 📖 基礎① p76 参照［花束］

このスタイルの花束は、とても多くのことを学ぶことができます。手順を通しながら、ポイントをつかんでください。

最初は、足元はパラレル（平行）でかまいませんので、基本は全種に近い状態で束ねていきます。図解はブーケホルダと同じような段付け具合のもので解説します。

> ブーケホルダなどで一度履修していると解るのですが、次につなぎの葉物なども入れていくと、仕上がりやすくなります。

［最大ポイント］ このスタイルが広まった当初は、大きなバラを足元に首ごと持つような短さで、構図に注意を払いながら、3本程度入れます。円蓋形になる最大のポイントですが、花束（スパイラル）テクニックにおいても上達するポイントにもなります。アンコなどを巧みに使用し、しっかり安定させます。

そこまで来ると、一気に花束の展開が大きくなります。これには非常にメリットが高いテクニックだといえます。

スタートは「大きなバラ」でしたが、コストパフォーマンスがよい植物に変更してもいいでしょう。または小花でアンコを巧みに使用（形状の異なるアンコを交互に使用したり、股枝を使用したり）しても、アンコ素材に枝の又や異素材を使用してもよいでしょう。

一気に展開ができる花束の利点はさまざまです。今までのスタイルの中に、もう1つの花束テクニックとして習得してください。

Chapter 4 　花束

パーツ分解

解かれた構成
Aufgelockert-dekorativ（アウフグロッケルト　デコラティーフ）独＜ほぐれた（解かれた）装飾的＞

　ドームの花束では、他に転換することができませんでした。しかし円蓋というかたちから、段付けを大きくしていくと、次第に「解く」「ほぐす」ことの可能性が広がります。このようにして、解く（ほぐす）行為も構成の仲間入りをしたことになります。

枠組みのある花束
Strauß mit Umrahmung（シュトラウス ミット ウムラームング）独＜枠組みのある花束＞

　何らかの「かたち」を形成した「枠」の中に花を閉じ込めたデザインですが、古くは「Teller bouquet」テラーブケー（独）（皿状）が代表的でしょう。

　特徴は、周りは「レースでできたカフスのようなもの」で、上部の形成は、ちょうどお皿を裏返したようなスタイルになります。全体の枠（輪郭）は一切隠さないことが条件です。

　また横から見た感じの「トライアングル」はきれいなクラシックが基本です。

　実際に通常のクランツで制作しても、同じようになります。

　枠に手で持てるように、ステムをプラスします。太めのワイヤ（例えば#16など）を使用して、ややインカーブをしながらまとめていきます。

　横から見た「トライアングル」がきれいに見えるよ

うな比率（例えば1：1）で、ステムをまとめます。

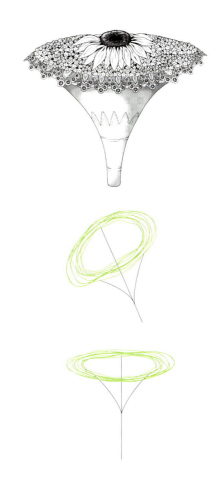

　アンコを入れながら花束を制作していきますが、基本的に上から落とすように入れます。その時のテクニックは、パラレルで十分です。とても巨大なものになる場合には、スパイラルになりますが、結束（握る）位置が、横から見た目のトライアングルが基本なので、無理なテクニックは不要です。

　横から見られることも想定して、グリーンなどで横部分も美しく仕上げます。また花瓶には、結束位置まで水につかればいいので、少し倒した状態で飾るのが基本です。

下組みのある花束
Strauß mit Unterform（シュトラウス ミット ウンターフォーム）独＜下組みのある花束＞

　枠組みとは異なり、最終的には、見えても見えなくても大丈夫です。なぜ使用するかというと、それには2つの大きな理由があります。
⑴テクニックの助け
⑵造形（デザイン）のため（助け）
　ナチュラルテクニックでは、制作が難しかった造形や大きさでも、容易にできるようになります。

107

購入・制作のポイント (テクニックの助け用)

通常の花束は、中央付近が中心になるために、ほとんどの場合、花の集合体が中心にきます。中心がメカニック（下組み）で混み合うようなものは、不向きなことが多いようです。

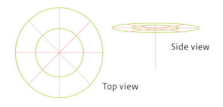

また結束位置を考えると、下組みの底辺よりやや下にきます。結束位置が定まらないステムは、制作にはコツが必要になります。

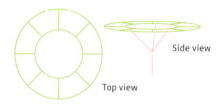

また下組みの内側は、ある程度細かく網目があるものがよく、外側に関しても花留めがあったほうが制作はしやすいです。しかし外側に関しては、輪郭以上に植物が入ればよいのですが、少ない場合用途によっては、ひっかかったりしますので、注意が必要となります。

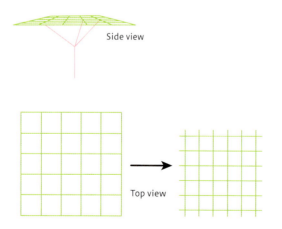

一般的な花束贈呈用で、最もフローリストに適した下組みは、もしかしたらこれくらいの角度や形状がよいのかもしれません。

外周改良形

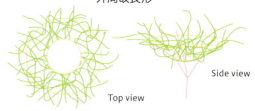

では、自作の場合、どこから出発をすればよいかというと、まずは安定させることが最優先です。資材や股枝などがあればよいのですが、それらも無い場合には、図のように三角形から制作するしかなさそうです。四角では固定ができないため、このように三角を出発点にし、巧みに組み合わせていきます。

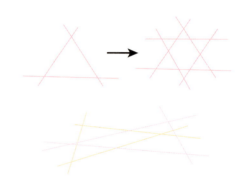

自作の下組みのチェック

①結束位置の確認

結束位置は、花束の出来具合に大きく関係します。下組みと直結するような結束位置では、何らかのアイディアや特殊なデザインで無い限り、手で束ねる（スパイラルなど）ことはできません。しかし下方すぎてしまえば、制作は楽になりますが、花瓶などで飾った場合に格好が悪くなってしまいがちです。

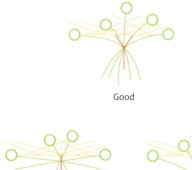
Good

NG　　下すぎ

②テクニックの補助の確認

実際に制作するように下組みを持ちます。さまざまな場所に花を入れる状態を考え、シミュレーションしていきます。まず下組みの網目チェックです。どこに入れても、ある程度花が留まるか否かを細かくチェックしていきます。もちろんアンコやテクニックでカバーもできますが、せっかく下組みをつくったのであれば、楽に仕事ができるようにしたいものです。

また網目が細かすぎて、植物の配置がしづらいことも想定ができるので、同時に細かく見ていきます。

③制作順序

通常の花束では、中央から制作して、徐々に花が展開していきますが、下組みのある花束の場合には、どこからでも制作が可能です。場合によっては多くのアレンジメントのように、植物に重い軽いを与え、挿し順に則って制作することも可能です。そのほうが花（植物）がいきいきしてくることも考えられます。

➡ 📖 基礎① p84 参照 ［挿し順］

手順を自由に制作していくと、デザインや配置もよりよくできていきます。しかしスパイラルが若干難しくなっていきます。そういった時には、特別なテクニックを使用します。

制作しながら、フローリストナイフで、植物を鋭利にカットし、握っている手を緩め、スパイラル方向になるように植物を手の中に向けて挿していきます。少し植物を回転させながら入れていくとスパイラルに馴染みやすいです。

基本的なスパイラルのテクニックですが、上級者になると、握るのではなく、手の上に乗せる感じで制作していきます。これにより配置や表現力が大きくアップします。

またある程度太いステムのほうが制作しやすく、場合により上部のデザインには関係ない太い枝などをあらかじめ持って制作する場合もあります。こういった太い枝は最終的に抜くことも可能で、さらに表現を高められることと思います。

通常の花束の世界では、アンコを巧みに使用しながら制作していきますが、下組みの場合には、その必要がありません。しかし硬い茎、やわらかい茎、下組みの素材にもよりますが、植物を保護するために「クッション」のように使用できる植物が必要になる場合があります。

バーゼンシュトラウス

Vasenstrauß（バーゼンシュトラウス）独＜花瓶花束＞

元来のテーマは、「縛り目のない花束」で、花束専用花器に結束のない花束をハンドタイドで制作したものを入れるタイプです。

ここでは、多くの場合「太い木」などを最初の出発点で持ちます。そうすると通常の手順を無視して制作できるテクニックが使えます。これは最初に「フォーカス」を制作するのと同じように、ある程度太さが出てからは、制作しやすいのと同じ原理です。フォーカスでない最初の「太い木」は、自由な制作が可能になったともいえます。一度試して理解をしてほしいです。

花束用花瓶とは、日本の投げ入用の花瓶によく似た形状があります。口元が細く、花瓶内部が広くなっており、花束の最後の展開する部分に、補助となる部分が付いているもの。

高く

hoch gebundener strauß（ホッホ ゲブンデナー シュトラウス）独＜高く束ねられた花束＞

重点を高くすることで、花束の常識が大きく変わったテーマです。日本ではこのスタイルで花束を想定しながら制作する、hoch gesteckter strauß（ホッホ ゲシュテクターシュトラウス）独＜高く挿された花束＞が特に有名です。

このように花束を出発点に持っているテーマは、例えスポンジに挿したとしても「花束」というキーワードは消えません。

Stickstrauß（シュティックシュトラウス）独＜挿す花束＞

挿して仕上げる花束も代表的なものです。

またこの高く束ねる花束においては、テクニックはパラレルで制作しますが、少し特殊なテクニックを使用することが多くあります。

durchziehen（ドゥッヒチェーン）独＜縫いとおす＞

枝などの隙間に植物を縫うように入れていきます。さまざまな場面でも活用できるものと認識しています。

横へのデザイン

Liegende-strauß（リーゲンデ・シュトラウス）独＜横たわる花束＞

横たわる花束はあまり使用する場面はないかもしれ

ませんが、花束のルールを知っていただくのに有効と考えています。

ステムのカットは、花束を見せたい角度に置いて、カットしていきます。ステムのカット面が水平になるように置くのが基本となります。

Querstrauß（クエアシュトラウス）独＜横切る花束＞

下組みを利用したデザインです。1つのパターンかもしれませんが、デザイン性豊かにするためにも参考資料として掲載しました。

歴史

日本語での花の束は1つの言葉しかありません。元々西洋から渡ってきた文化なのでしかたのないことでしょう。ヨーロッパでは花束をさまざまな言葉で分けています。Strauß（シュトラウス：花束）、Sträußchen（シュトロイヒェン：小さな花束）、Bouquet（ブケー：花束）、Büschen（ブシェン：茂みの＜束＞）、Blumenbündel（ブルーメンビュンデル：花束）などさまざまです。これは、歴史的に（花束の発展に）よって分類されているからこそ生まれた言葉ばかりです。

ここでは、Bündel（ビュンデル：束＜ねる＞）からシュトラウスへの移り変わりだけを少し紹介します。ビュンデルとは、あるものを一緒に結んだものを指します。歴史的には、麦の束や柴の束が残されています。ただ、（一種のものを）束ねただけのものであったようです。ビュンデルの概念は、一種の花の束（ただ束ねられたもの）のイメージです。また、短くびっしりと詰まった束・パラレル状に添えられた束のイメージでほんの少しだけ意識してつくられたものを指します。

その頃、数本の花を一緒にまとめた花束をBlumen bündelchen（ブルーメンビュンデルヒェン：小さな花束）と呼んでいました。16世紀になってからは、花を豊かに使用した花束が多く出て人々を魅了してきました。この豊かな花束は、いっぱいに膨らんだもの・溢れんばかりに豊かなものという意味を持ちます。このことからシュトラウスの概念はÜppigkeit（ユピッヒカイト：豊かさ・繁茂）のイメージが含まれてもいます。

一方、bindendes Bündeln（ビンデンデス・ビュンデルン（結ばれた束ね物）は、先のビュンデルの概念が残っているためシュトラウスのような豊かな花の構成とは異なるものになります。短くびっしりと詰まった束でパラレル状に添えられてほんの少しだけ意識してつくられたものになります。

発展にはいくつもの可能性があります。ビンデンデス・ビュンデルンのテクニックよりも印象や動作・系統により、発展していても同テーマの題名がついてきます。このように古典的な概念を取入れてから、さらに発展させるようにデザインを考えていきます。

立つ花束

束／小束（ビンデンデス・ビュンデルン）から1970年代にはParallelstrauß（パラレルシュトラウス）が流行します。これまでの花束とは異なり、視覚的および実際のバランスに安定性があり、意外な動きの勢いと緊張感あふれたフィギュアがもてはやされていきます。

パラレルシュトラウスは、より背が高く制作され、時には「手で束ねる行為」もなくなったりし、作品展示においては薄い水皿をよく使用することから、転倒、植物の水落ちが目立つようになり、あまり目にしなくなっていきます。

しかしこれらの「視覚的バランス」「安定性」「意外な動きと勢い」「緊張感あふれたフィギュア」は、Stehstrauß（シュティーシュトラウス：立つ花束）に移行していきます。立つ花束においては、パラレルという制限がなくなり、より安定したり、デザイン的に大きく可能性が広がっていきます。

最初は、縛り目は1ヶ所でした。しかし足元の緊張感をより高める方向で、葉物だけがわずかに入るようになり、次第に無数の場所を結束して仕上げることで、Standing strauß（シュタンディングシュトラウス）まで発展することになります。

シュティー（立つ）造形では、8割以上が1ヶ所で束ねられたほうがよいでしょう。束ねる行為は、作品における自己完結にもつながるので、その方向を忘れないでほしいです。

立たせる行為（テクニック）は、さまざまなアイディアがあります。時代にあわせたデザインができますので、花仲間同士のディスカッションで、自身の知識を広めていってほしいと願います。

Chapter

5

図形的（グラフィック）

植物で「図形的」を表現する

図形的な作品を制作するには、
専門知識がどうしても必要となります。
ここでは、グラフィックの基礎と応用活用を
一堂に紹介し、解説していきます。

基本的なグラフィックの知識で制作されたものですが、方向やアイディア次第で新しい雰囲気で制作できます。特にこの場合は大木（オリーブの木）が起点となり、制作しています。基点は器ばかりではなく、こういった造形物を起点に制作することも可能です。

Design/Masahiro Yamamoto

植物で「図形的」を表現する

一般的な図形効果と花のデザインの中での図形効果には隔たりがあるようです。
どのように違いがあるのか、そして考え方としてどれだけ存在するのか、この章ですべてが明らかになっていきます。

基本的な操作の中、わずかなアイディアだけでも作品のクオリティーをアップすることができます。少ない素材で大きな効果をとらえた作品ですが、グラフィックをしっかり理解すれば、さまざまな発展もできるようになるでしょう。

図形を花のデザインで表現するには、まずは「図形＝動き」と解釈することからはじめます。動きそのものがとてもグラフィックだと認識します。その次に動きの価値について考えていきます。動きの価値は強くても、弱くても同等の価値として考えていきます。強いものが「動」と考えれば、「静」が無ければ、引き立たないからです。こういった考えがスタートに存在します。
グラフィックの効果をしっかりマスターするには、一歩ずつ確実に理解をして進めていくしか方法は無いようです。

Design/Kenji Isobe

始まりのグラフィック

図形効果とは、植物の動きを指すものと考えるのが最初のスタートラインです。そのスタートラインの中で、古典的なパターンではありますが、このようなものから始めるのが、一番解りやすいでしょう。何パターンか制作し、スキルを上げてから次に進むようにしてください。

Chapter 5 　図形的

Chapter 5　図形的

視点を変えた
グラフィック

古典的なグラフィックをスタートにして、色々考察していくと、図形効果の解釈が進んでいきます。1本の軸ではなく2本で形成したりすると、難易度が上がってきますが、しっかり理解すれば進めていけます。また少量で形成することも可能で、少ない要素での図形効果ができるようになります。

117

118

Chapter 5 　図形的

伝統的・純化したグラフィック

図形的は「動き」が重要なキーポイントだと理解しました。「動き」は例え素材が異なっても、同じものにまとめることも可能です。ここでは動きの純化(単純化)をして数種の素材でも1つの動きとして認識して進めることができます。まずは伝統的なパターンから考察していきます。

純化したグラフィック

純化したグラフィックでは、「動きの種類」を1種もしくは、2種までにおさえ（複数あっても純化し）制作が可能です。明確にそのものの動きが見えることはグラフィックの基本となります。そのほかの造形は自由に形成していくとよいでしょう。

Chapter 5 図形的

連動したグラフィック

純化したグラフィックと混同させてしまいそうですが、考えていることが明確に異なります。運動とは、動きの感じが「連動した」ように見えることです。単純に2種ほどの表現方法があります。根幹の考え方は同じですが、表現方法が異なるので最初の理解は別々で考えることが重要です。

121

形象的

フィギュアティーフ
Figurativ

グラフィックの手法は大きく4つあります。その中でも最も特殊な考え方を持っています。他のどのグラフィックとも結びつけようがないのが、この形象的です。
単純にいえば、中央付近にある1～3本の植物のみの図形効果を狙っており、その他はこれらを目立たせるための布石で、グラフィックには直接関係ないものです。

Chapter 5　図形的

Design/Masahiro Yamamoto

123

グラフィック＋α

流行当時は、グラフィックで装飾的（デコラティーフ）と言われていたものです。装飾的という部分の用語的解釈の問題もありますが、単純に上部が「基本のグラフィック」でつくられ下部は自由に形成しているもので、パターンの広がりのため＋αとしています。
p16の枕（キッセン）構成によく似ていますが、考えていることが大きく異なります。

125

形式的

フォーマル
Formal

いけばなの様式の1つでもある「立花」を手本として、グラフィックにて制作した例。
立花は、心・正心・副・請・見越・流枝・前置などの基本となる役枝が規定され定型化したものです。このように定型化されたものを「形式」として表現したものです。グラフィックは基本の考えのみで制作しています。

Chapter 5　図形的

植生的
ヴェゲタティーフェ
Vegetativ

現象形態を踏まえ、あたかも生えているかのように制作する植生的な作品です。植生的でありながらも「基本のグラフィック」を注視して制作したものとなります。

Design/Ippei Yasuda

Chapter 5　図形的

基本のグラフィック

見た目ではなく、隣同士のコントラストを出して行うグラフィックの基本的考え方だけでも、より多くのバリエーションで表現することが可能です。アイディア次第で、さまざまなスタイルが誕生していきます。

129

Chapter 5 　図形的

グループで1つのグラフィック

基本のグラフィックを完全に習得したら、少し変わった表現もできるようになります。複数だったり、単種のものがまとまって1つの図形を表現するケースも出てきます。まとまって1つになったものは、1つの図形で、他の図形とのコントラストを求めていきます。

131

Chapter 5 　図形的

純化＋基本グラフィック
(プラス)

純化のグラフィックと基本のグラフィックがミックスで表現された世界です。両方の知識が必要となります。純化のアイディア次第で、コントラストの種別が選別されていきます。
新しい図形効果を狙った作品を模索する時には、このような考えが必要になるケースも出てくるでしょう。

独自のグラフィック

一番大切なのは基本のグラフィックだと考えていますが「グループで1つ」「ミックス」などのアイディアばかりではなく、その他のテーマとの融合や、重点の領域を転移させる方法など、さまざまなアイディアで新しいグラフィックをつくり出すことができるようになります。

Design/Kenji Isobe

Chapter 5 解説

◎システム
「動き(運動)＝図形効果」

◎ポイント
「動きの対比」「純化した動き」「形象的」「連動」

➡ 📖 は、花職向上委員会のシリーズ本を参照してください。詳しくは p3「本書の構成」をご覧ください。

　このシステムの誕生は、とても単純でした。植物を植物らしく見ることが、最初のスタートで、植物をマスとして扱うヨーロッパの文化に変化が訪れ、線の発見から、ゲシュタルト（姿）の発見、そこには日本との文化交流も一役かったようです。

　1930 年頃に少しずつ植物の線が見えだして、1950 年代には完全に線の発見に至りました。1954 年にはモーリス・エバースにより図形効果の発見と発表がありましたが、吸水性スポンジが無く、一焦点もしくは花束での発展でもあったので、必ず中心線が必要でした。

　1969 年には Parallel（パラレル）の誕生と共に複数焦点が誕生し、交差による可能性も広がり、さまざまな視点や表現力が追加されてきました。

　歴史と基本概念は、以上です。ただこれだけの情報では、なかなか先には進めません。そこで新たなガイドラインを引いて、研究を進めていきます。

　まずは「図形効果」の種類に関して分別し、それぞれの効果を理解していくことから始めます。

一般的な図形効果

　図形の代表が、〇△□であるように、図形的または図形効果を一般的に考察すると、以下のようなものになります。これは運動に転換することができ、すなわち「動き」に対する考え方が抽出できるようになります。

運動＝グラフィック（図形効果）

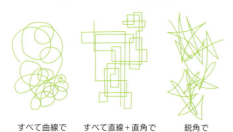

すべて曲線で　　すべて直線＋直角で　　鋭角で

　これらの幾何形体でのグラフィックももちろん可能性がありますが、花のデザインでは少し違った角度から見ることが重要となります。

基本のグラフィック

　植物を扱う私たちにとっての図形効果は、すなわち「植物の動き」にあります。それぞれの動きがとてもグラフィックだということが出発点になります。大きく曲がった特殊な動き、まっすぐで垂直な単純な動き、揺れて戯れた動き、単純で丸い形態（動き）、それぞれがとても図形的です。個々の植物の動きには価値の優劣はありますが、ここではその価値の差を考えてはいきません。それぞれがとても図形的だと認識することが重要です。静かな動き（形態）でも同様に価値があると認識します。

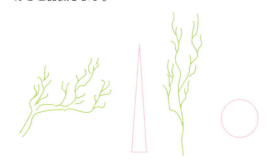

静と動のコントラスト

　図形的な作品を制作する際には、全体でも部分でもハーモニーはしてはいけません。ハーモニーするとアレンジメントの様相がでてしまいます。それぞれの動き（図形効果）がどれにも混ざらず、はっきりと見えなければなりません。そこで教科書では以下のように「静」と「動」に分類して、隣同士の関係をコントラスト豊かにしていきます。

要素	静：Statik	動：Dynamik
形	対称形・輪郭の明確な形 集合形・統一・円形	非対称形・背の高い形 輪郭が不明瞭な動きを表す形
色	青・赤紫・青紫	黄・橙・赤みの橙・深紅
表面	滑らか・無地	粗い・柄付
動き	ない・単純	ある・騒がしい・遊び
大きさ	小さい	大きい

Chapter 5　図形的

しかし、これはあくまで教科書的解説です。実際の植物では明確に「静と動」を分類することが難しいところがあります。どのように考えればよいのか、それは「同じを感じないもの」を隣に配置することです。

些細な共通項でも極力嫌い、隣には全く別の動き（図形）を配置することが基本となります。

動き・色・大きさ・面積・質感などすべてが関わることになるので、実際の植物でそれぞれの存在が、近いか遠いかを考えていきます。

初級用グラフィックのパターン

最初に考察するグラフィックは、吸水性スポンジが開発される前のスタイルで考えます。一焦点もしくは、束ねた状態で制作できるパターンです。余分なテクニックを使用せずに、まずは理解をするところからスタートします。

ちょうど中心軸に電柱のようなものがあると想定して、その姿の外側に、「静と動」もしくは隣同士に大きな違いがあるものを配置していきます。

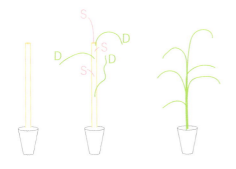

グラフィックの基本

このように隣同士の動きのコントラストによって、植物の動きをテーマにした作品が誕生してきます。これが基本的な図形効果の出発点であって、8割のグラフィックの作品に置き換えられるものとなります。

では基本的なグラフィックの作品に共通できる注意ポイントを活用していきましょう。
① ハーモニーしないこと（静と動のコントラスト）
② フィギュア（Figur）を美しく仕上げる
　➡ 📖 基礎① p58 参照［フォルムとフィギュア］
③ 空間を均一にしない（強弱をつける）

また交差を取り入れた作品では、図形効果が打ち消されることもあるので、要注意になります。もちろん複雑に絡み合っても、図形効果がでる場合もあるので、NG行為に位置付けることはできません。

複合的に見ての図形効果

作品紹介にもあるように、p116「視点を変えたグラフィック」では、ごく少量の植物でも表現は可能で、一見いけばなの様相が垣間見れるかもしれませんが、基本的な考えのもと制作されたものです。また1焦点でないだけで（例えば2焦点なども含む）、まとまっていない作例や素材が特殊なケースもありますが、すべて基本的な考えで制作可能です。

また p124「グラフィック＋α」でも同じように下部は全く図形とは関係ありませんが、上部（空間に配置された動き）は図形効果を狙った作例もあります。ちょうど Chapter1 の p16「キッセンゲシュタルトゥング」の作例によく似ていますが、出発点が異なるものです。前者は「空間をリズミカルに」していくことを念頭に、ここでは図形効果を前面に出すことを前提にしています。

このように目的が異なったり、出発点が異なっても、できあがりが同じようになるケースは多々あります。作品の表面上だけ見ていくようでは、本質はいつまでも掴むことができないので、それぞれの出発点を大切にしてほしいと考えます。

p126「形式的」では、いけばなの「立花」を手本としていますが、基本的な図形効果の考えを、その主軸にのせているだけです。

また p127「植生的」においても考え方は同じです。

少し特殊なものは、p130「グループで1つのグラフィック」の部分では、それぞれの動きではなく、複数の素材などがまとまった「かたち」そのものを1つとして見ており、それに対してコントラストを与えています。

1つにまとまった動きを明確に捉えれば、難しいことではありません。
例：複数本が束ねられた印象でまとまって形態（動き）を表現しているもの
例：丸い花たちで1つの球体（ラウンド）の形成
例：揺れた線の植物をまとめて「棒状」にしたり「クランツ（環）」にしたりして1つの形態（動き）に転じているもの

基本的な図形効果がさまざまな作品に転用されていきます。

純化した図形効果

　植物の動きそのものがグラフィックだと解れば、それら動きを純化して複数種の植物でも同じ1つの動きに転換することも可能となります。植物の純化は、前書基礎①に「動きが主題」としてあります。それを参照した上で、純化しながら図形効果がある作品を考察します。

　➡ 📖 基礎① p124〜参照［動きが主題］

　図形効果がある程度解るようにするためには、2種までの動きにすることと、それぞれ複数の植物を使用しても、動き全体が見えることが条件となります。「動きが主題」のテーマでは、グラフィックにならないケースもあることを認識してください。

伝統的な〜純化〜グラフィック

　花のデザインでは、伝統的なスタイルも幾つかあります。最初に「パラレル（まっすぐに挿した）」と「揺れた（インアイナンダー）」です。これは非常に相性のいい作品に転換できます。また本書では、「パラレル」と「ガチャガチャ」のパターンも大きく取り上げました。

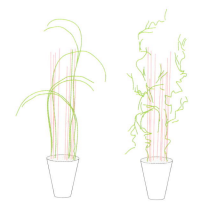

その他の純化

　純化したグラフィックは、いくつものパターンを誕生させることが可能です。写真にあるものばかりでなく、最初の（一般的な）グラフィックに関しても、〇△□を転換し、曲線の動き・鋭角な動き・直角の動きに転換し、それらの図形的な作品にすることも可能です。

　植物との出会い、または考察しながら新しい造形を考えていきましょう。

※ここでわずかな注意ポイントとして、こういった純化、またはグラフィック全体に言えることですが、多くの図形効果の作品には「フォーカス」もありません。また、中心軸も無くなった作品に多く起こりうる問題で、目線の中心が無くなることがあります。目線の中心が無くなると、その作品の特徴にもつながる問題で、幾つかの解決方法があります。

　それを「価値」と転換して、①効果的な花（植物）、②特殊な花（動き）、③色、④密集などがあてはめられます。詳しくは前書 基礎①を参照してください。

　➡ 📖 基礎① p125 参照［価値］

　こういった「価値」はグラフィックに限らず、とても大切な作品のパーツとなります。

連動した動きのグラフィック

　植物が連なり、一丸となって連動していくさまも図形的に制作することが可能です。

　よく似たものであれば、元々パラレルフォーメーションがありました。

　軍隊の編成のように「フォーメーション」していくさまをパラレルで表現したものです。

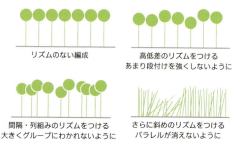

parallel Formation（パラレルフォーメーション）

　一方、ネーベンアイナンダーという構成は、「互いに寄り添った」という目的で制作され、パラレル（平行）であるかせが無くなった状態になります。

nebeneinander（ネーベンアイナンダー）

　ここまでは、純化のグラフィックに含めて理解できることです。そしてこれらを出発点に「図形効果」を考えていきます。それぞれの植物の動きが消えないようにしながら、連動していくさまです。イメージをいえば音符が並んでいるようすがちょうどしっくりくるかもしれません。

　単純に考えていけば同方向に向かっているさまだけでも連動感は出てきます。単純な作品にならないように、リズミカルな配置はもちろん、角度、向き、表情

をとらえていくと、よりよい作品になっていくでしょう。

受け流し

　特殊なスタイルではありますが、連動の中には、以下のように同方向ばかりでなく、受け流しで連動を表現することも可能です。

　植物の動きをよく見て、まるでキャッチボールのように隣に受け渡す手法です。制作のセオリーはありませんが、すべての植物でできるものではなく、可能な植物を探すところから入ります。

　またこれらの図形効果は、前者の連動とは異なり「個々の動き」の図形効果になる場合が多いようです。これらの場合特殊ではありますが、動きの対比は必要ありません。作例では個々の空間がある程度あることや、小さな器を並べていることにも若干の関わりがあるようです。もちろん間に対比を入れていけば、連動はしなくなるのも承知してください。

形象的
Figurativ（フィギュアティーフ）独＜形象的＞

　グラフィックの中では、最も特殊なタイプとなります。

　1990年代初頭に日本で紹介されたのですが、研究が進む前に広範囲に広がったために、誤解を招くことが多くあって、前書「基本セオリーがわかる花のデザイン」ではそれらに配慮をこめて「大部分（または一部）を誇張したグラフィック」として紹介しました。

　基礎として改めて紹介することを受けて、ここでは元々のテーマ名での紹介をします。

　➡ 前書④ p112 参照［大部分（または一部）を誇張したグラフィック］

　考え方としては、多くの宗教画でもあるように、対象物（ご神体など）を浮き出させるように描くところです。浮き立たせるためには、対象物に影も線も何もかけてはいけません。

　例えば顔の近くには後光をさすような雰囲気にしたり、下からあふれる植物などがありながらも、対象物には何もかかってはいけません。そうすることで、対象物だけが浮き上がるように描くことができます。

　実際の植物に例えるなら、まずはこの形象的は、1つのみの図形効果だということを認識してください。そしてその1つを選びますが、極力「癖」のある植物を選択することが重要です。「癖」とは「趣き」だったり「表情豊か」だったりします。

　ユリの中では「テッポウユリ」は最適です。オリエンタル系はあまり相応しいものではない品種も多くあります。その他にも「ユーチャリス」などもとても似合います。その他の植物でも可能かと思いますが、基本的にストレチア・ヘルコニア・バラ・リアトリス・デルフィニュームなどは不向きのようです。

　これらの植物には、多くは表情があるものがよく、その表情は向きにも転換できます。2本以上使用することが通例で、その2本は相向き合うスタイルが一番効果が高くなるでしょう。

　その他の植物は、この対象物（グラフィックになる部分）に一切重ねず、線もかけず仕上げていきます。基本的にはブッシュ（茂み）で十分で、対象物を浮き上がらせるように配置していきます。

　基礎的にはこのように「一部」のみが誇張される行為ですが、言い換えれば形象的にさえ制作できればよいとすれば、大部分や1つを誇張する容姿すなわち図形を出すことも可能というわけです。

　➡ 前書④ p113 参照［グラフィック］

新しいグラフィック

新しいグラフィックを考察するうえでも、「基本グラフィック（コントラスト）」「純化」「連動」「形象的」プラス「運動」の5つの出発点について、はっきりと理解を進めることが第一条件です。その中で素材・視点・方向など全く新しい方向に制作が可能か模索していくのがとても楽しいでしょう。

本書は基礎を中心にまとめましたが、前々書には新しいグラフィックで挑戦的なものが多く存在します。ぜひ参考にしてください。

➡ 📖 前書④ p106 参照［グラフィック］

MIX

基本的なグラフィックの他4つの考え方のグラフィックは、基本的に混ぜては完成できません。しかしよくよく理解を進めれば、相性もありますが図形効果のMIXも可能です。

特に「純化」した中に「基本グラフィック（コントラスト）」の考え方をのせることが可能です。今回数パターンを出しておりますので、ぜひ新しいグラフィックを考察するうえで、考えの基盤にしてほしく、ピックアップして紹介しました。

図形効果をひもとく5枚の知識カード

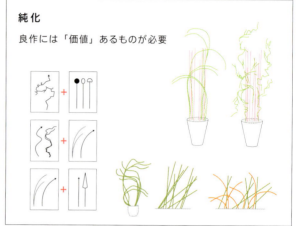

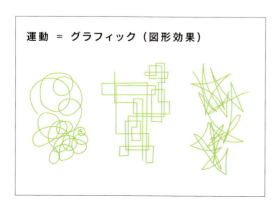

花職向上委員会

Floristry Advancement Committee

花職向上委員会のはじまりは、技術向上を目的として集い、ディスカッションできる土壌づくりからはじめました。共通の言葉で、技術を互いに切磋琢磨していく集いです。

技術の向上ばかりでなく、一般の方への認知、流通、品質、花育など、次第に広がってきました。今後も拡大し続け、花卉業界きってのファーストペンギンにふさわしい委員会でありたいと思います。本書のシリーズも花職向上の一環として行っています。

花職は「花を扱うすべての人」としています。英語表記では"Floristry"としており、生産から流通も含めた単語を使用しています。今までも、これからも私たちは垣根を超えたつながりで、形成していきたいと願っています。

地域リーダー（地域順）

長久保 修一　Shuichi Nagakubo
つくし園
北海道釧路市貝塚3-2-57
0154-42-6479
p84、92上、97中右

近藤 明美　Akemi Kondo
仲町生花店
岩手県岩手郡葛巻町葛巻13-45-1
0195-66-2319
p72右上

目時 泰子　Taiko Metoki
フラワーデザイン☆きらり
岩手県盛岡市三ツ割
090-9747-2308
p87中左、101左上

乗田 悟　Satoru Norita
KANONE
青森県青森市浜田2-7-10
017-763-0087
p37左上、65右上

坂井 八恵子　Yaeko Sakai
有限会社 フラワーショップ水野
新潟県新潟市中央区花園1-3-17
025-244-0714
flowermizuno
p34、116左上、120下

小松 弥生　Yayoi Komatsu
フラワーバスケット
千葉県成田市飯仲45
成田総合流通センター内
0476-23-6636
_flower_basket
flowerbasket841
www.flower-basket.jp/
p40右上、49中、63中右

山本 雅弘　Masahiro Yamamoto
フラワーショップ アリリ
埼玉県さいたま市北区日進町2-815-3
048-666-4631
flower_shop_ariri
flowershop.ariri
http://www.ariri.co.jp/
p47中、71下、98下、99左上、112、123

山崎 慶太　Keita Yamazaki
桜台花園
東京都練馬区桜台1-4-14
03-3991-3037
sakuradaikaen　sakuradaikaen
p38下、39左上、89上、93右上

川端 充　Mitsuru Kawabata
kajuen＊花樹園
大阪府東大阪市中石切町4-4-7
072-986-7188
kajuen

鈴木 優子　Yuko Suzuki
Fairy-Ring
滋賀県大津市
p10、27下、67右下

堤 睦仁　Mutsuhito Tsutsumi
SENBON花ふじ
京都府京都市上京区閻魔前町9
075-461-8724
p33右上

山田 京杞　Kyoko Yamada
山田生花店
岡山県岡山市東区西大寺中野本町4-3
086-943-9611
p118左上

小畑 勝久　Katsuhisa Obata
フラワーズステーション〜アイカ
福岡県飯塚市芳雄町2-1952
0948-24-3556
aica.flower

小濱 彩佳　Ayaka Kohama
花工房おかだ
福岡県北九州市小倉北区紺屋町13-1
093-522-8701
p16、35右下、46下、71左中

末光 匡介　Tadasuke Suemitsu
すえみつ花店
福岡県嘉麻市鴨生523
0948-42-1393
suemitsuhanaten

南中道 兼司朗　Kenshiro Minaminakamichi
FLORIST・YOU
有限会社 ベルキャンパス鹿児島
鹿児島県鹿屋市笠之原町49-12
0994-45-4187
FloristYou
http://florist-you.com/
p48、72左上、74上

飯室 実　Minoru Iimuro
フローリスト花香
沖縄県浦添市伊祖2-29-1
098-874-4981
http://floristkaka.ti-da.net/
p35右上、96

佐事 真知子　Machiko Saji
Flower-shop coco-fleur
沖縄県豊見城市根差部727
エクセルビル203
p28、75下、90、130右下

仲宗根 実寿　Sanetoshi Nakasone
バッカス
沖縄県宜野湾市伊佐1-7-21
098-989-0738
bacchus.okinawa
http://bacchus-flowers.com/
p46上、103中、130左上

柳 真衣　Mai Yanagi
Flower Shop ラパン
沖縄県中頭郡北谷町美浜2-1-13
098-989-7222
http://www.lapin-okinawa.co.jp/
p11左上、17左上、49上、70上下、71左上、132上

磯部 ゆき　Yuki Isobe
株式会社 花の百花園【花ギフト】
愛知県名古屋市瑞穂区下坂町2-3
052-882-3890
dsnagoyahorita
87gift　florist.academy
http://87gift.net/
p39中右、68上

生方 美津江　Mitsue Ubukata
フラワーデザインスクール ミルテ
群馬県桐生市堤町
p27左上、39中左、114右上

奥 康子　Yasuko Oku
有限会社 フラワーアートポカラ
和歌山県和歌山市十三番丁29
073-436-7783
POKHARAflowerart
p95右上、122右上

戸川 力太　Rikita Togawa
花のとがわ
大分県大分市牧1-4-8
097-558-8710
f.g.togawa
http://www.f-togawa.co.jp/
p13左下、37右下、67右上、115左下

眞崎 優美　Masami Masaki
熊本県熊本市南区
p65右中、65右下

Head インストラクター

矢野 三栄子 Mieko Yano
愛知県名古屋市南区
愛知県日進市赤池3-707
🏠 Flower Design School 花あそびOLIVE
フラワーショップオリーブ
052-803-4187
f 87olive
http://87olive.com
Ⓟp14、47上、69上、77左、88上、94、98上、117右上、120右上、121三段

飛松 誠自 Seiji Tobimatsu
福岡県大野城市下大利1-18-1
🏠 フラワーショップ トビマツ
092-585-1184
f sebianflower

柴田 ユカ Yuka Shibata
東京都足立区
🏠 Flower Design はなはじめ
03-3852-0253
Ⓟp15右上、22、33左上、35左下、49下、119左、125左下

安田 一平 Ippei Yasuda
🏠 合同会社 Branch 4 Life
福岡県田川郡赤村内田字小柳2429
080-8555-4224
🏠 有限会社 グリーンハート安田花卉
福岡県宮若市三ヶ畑1718
Ⓟp8、20仮、95左中、116右上、118右、128、133左下、134下

石井 宏 Hiroshi Ishii
新潟県新潟市中央区笹口2丁目9番10号
🏠 Fleur arbre（フルール アルブル）
025-249-4223
📷 shijinghong6192 f arbre505
http://arbre-flower.com/
http://www.barubora.com/arbre/
Ⓟp71右上、73左下、77右下、95左下、97左中、97下、116左下、134右上

近藤 容子 Yoko Kondo
愛知県名古屋市瑞穂区
🏠 Step of Flower
090-8739-6035
f Step-of-flower-125812864431692
http://stepofflower.com/
Ⓟp12、30下中、63中右、76上下、91左下、117左上、121下、124左上

家村 洋一 Yoichi Iemura
鹿児島県鹿児島市宇宿3-28-1
🏠 有限会社 花家 フローリストいえむら
099-252-4133
Ⓟp103右上

鈴木 千寿子 Chizuko Suzuki
千葉県千葉市緑区
🏠 アトリエ ミルフルール
Ⓟp24、45中右、99右上

下賀 健史 Kenji Shimoga
福岡県春日市春日原北町3-75-3
🏠 有限会社 花物語
（長住店、博多南駅前、ウエストコート姪浜店）
092-586-2228
📷 shimogak f hanamonogatari2468
Ⓟp11下中、13下右、15左下、21右中右、37左下、40下、62上、74右下、97右上、101右上、125左上、126下、127右上、132下

林 由佳 Yuka Hayashi
東京都
🏠 Angel's Garden
090-3729-2038
www.3987angel.com
Ⓟp65左下、103左下

椿原 和宏 Kazuhiro Tsubakihara
熊本県荒尾市東屋形1-9
🏠 椿原園
0968-64-2992
📷 tsubakiharaen f tsubaki.abr.p
Ⓟp95左上

小松 弘典 Hironori Komatsu
山梨県甲府市砂田町4-31
🏠 Bonne Vie
055-288-0187
http://www.bonne-vie.info/

江波戸 満枝 Mitsue Ebato
千葉県千葉市美浜区
🏠 アートスタジオ・ラグラス
Ⓟp17右下、33左下、66上、75上

香月 大助 Daisuke Katsuki
佐賀県佐賀市神野東1-1-11
🏠 フローリスト 花とく
0952-41-1187

インストラクター（地域順）

北海道
西村 可南子
中島 直美

東北
伊東 秀
笹原 千冬　Ⓟp64下
藤木 薫
柳原 佳子
山本 直子
川村 昌子　Ⓟp87中右

関東
大谷 和仁　Ⓟp39右上、51左、93中左
きべ ゆみこ　Ⓟp21右下、29右下、63左下、102左下
羽根 祐子
藤本 昭
松嶋 眞理子　Ⓟp31、40左上、63右上、114右下、124左下
松本 多希子　Ⓟp64上、115左上
松本 さくら　Ⓟp13左上、29左上、39左下、51右下、67中、74左下、88中右

中部
安部 はるみ　Ⓟp21右上、41、44、45上、99下
今井 将志
大川 碧　Ⓟp95中右
佐藤 浩明　Ⓟp117左下、125左下
森田 泰夫　Ⓟp73左上、114左上、119右下
臼木 久也
髙橋 珠美
石井 雅子

近畿
黄 和枝
北川 浩子　Ⓟp91右下
加藤 公世
桜井 宏年　Ⓟp21左中左
貴志 敦代
辻本 富子　Ⓟp122右下
中島 あつ子
守口 佐多子　Ⓟp11左下、47左下、68中
山本 祥子
吉野 ひとみ　Ⓟp13下中、30左下
池田 唱子　Ⓟp15左上、100、102上
加茂 久子　Ⓟp13右上、87上、101右下、102中下
巴 芳江　Ⓟp93中右、102中右、130下

藤垣 美和　Ⓟp93下、102右上

中国・四国
石田 有美枝　Ⓟp130右上
木村 聡子　Ⓟp21左下、116右下
辻川 栄子　Ⓟp120左上
原野 あつこ　Ⓟp21左上、131右上
徳本 花菜絵

九州（北部）
古賀 いつ子
中村 幸寛
薙野 美和　Ⓟp39左下、69下、124左下
浜地 陽平　Ⓟp43下
原田 真澄　Ⓟp125右下
牧園 大輔　Ⓟp68下、129中
松下 展也
渡部 陽子　Ⓟp29左上、45下、65左上、91上
大塚 久美子　Ⓟp30左下、62左下
椛島 みほ
川瀬 靖子
坂井 聡子　Ⓟp30上
早坂 こうこ　Ⓟp72左中
光武 富士子　Ⓟp47右下
大塚 由紀子　Ⓟp73右下

九州（南部）
井川 真也　Ⓟp63右下
黒木 康代　Ⓟp119右上
後藤 教秋　Ⓟp74左中、86上、88右、93左、
塚本 学
永田 龍一郎
永田 龍次
原田 光秀　Ⓟp62右下、95左下
丸田 奈歩　Ⓟp87下、115右下
石走 奈緒子　Ⓟp72右下
池ノ上 翼　Ⓟp15左下、43上、86上、133右上
伊藤 由里　Ⓟp45左中、131左上
護得久 智惠
佐喜眞 ゆかり　Ⓟp11右下、38上、66下、133左上
桃原 美智子　Ⓟp17左下、118左下
安谷屋 真里　Ⓟp11右上、33左下、60、129下、134左上

作品協力 members
梅森 克佳　Ⓟp63左上
中野 朝美　Ⓟp88左
野田 遵平　Ⓟp27右上
新井 哲生　Ⓟp27上中

142

Master インストラクター

委員長：
磯部 健司 Kenji Isobe
〒467-0827
愛知県名古屋市瑞穂区下坂町 2-4 Design_Studio
（名古屋・堀田）
🏠 花塾 Florist_Academy
🏠 株式会社 花の百花園
070-5077-2592
080-5138-2592
📷 kenji.isobe　ⓕ flowerdcom
www.flower-d.com/kenji/
㊟ p9、17右上、25、26、32、37右上、51上、61、79、85、113、121上二段、122左上、126上、127左下、135

副委員長：
中村 有孝 Aritaka Nakamura
〒150-0001
東京都渋谷区神宮前2丁目
〒857-0855
長崎県佐世保市新港町4番1号
🏠 flower's laboratory Kikyū
🏠 flower's laboratory Kikyū Sasebo
03-6804-1287
0956-59-5000
📷 aritaka_nakamura　ⓕ aritaka.design
http://kikyu-ari.jp/

副委員長：
和田 翔 Kakeru Wada
〒801-0863
福岡県北九州市門司区栄町 3-16-1F
🏠 naturica（ナチュリカ）
093-321-3290
📷 naturica878　ⓕ naturica87
http://naturica87.com
㊟ p35左上、42、43中、67左上、73左上、89下、92下

深町 拓三 Takuzou Fukamachi
〒815-0033
福岡県福岡市南区大橋 2-14-16
🏠 FLOWER Design D'or
092-403-6696
ⓕ dor.fd
㊟ p36、65左中、101左下、129上、131下

小谷 祐輔 Yusuke Kotani
〒606-8223
京都府京都市左京区田中東樋ノ口町 35
🏠 ARTISANS flower works
075-744-6804
ⓕ yusuke.works　📷 artisans.flowerworks
http://fleurartisans.com
㊟ p103下

ヤマダ エンコウ Enko Yamada
〒661-0035
兵庫県尼崎市武庫之荘 6-32-309（office）
🏠 Flower design works rosemary

蒲池 文喜 Fumiki Kamachi
〒819-0371
福岡県福岡市西区
🏠 一葉フローリスト
092-807-1187

岡田 哲哉 Tetsuya Okada
〒802-0081
福岡県北九州市小倉北区紺屋町 13-1
🏠 花工房おかだ
http://www.florist-okada.com/
093-522-8701
ⓕ florist.okada

伊藤 由美 Yumi Ito
〒820-0504
福岡県嘉麻市下臼井 505
🏠 アトリエローズ
090-2585-2905
ⓕ atelierose.ito
http://rose2002.com/
㊟ p77右上、97左上、115右上、127左上

竹内 美稀 Miki Takeuchi
〒604-8451
京都府京都市中京区西ノ京御興岡町 15-2
🏠 J.F.P/NOIR CAFE
TEL: 075-467-9788
http://jfp-noircafe.com
ⓕ Tencasouca

撮　影　　磯部健司
　　　　　堀 勝志古（表紙、p9、17右上、25、26、32、61、85、113、135）

デザイン　　林慎一郎（及川真咲デザイン事務所）

編集協力　　竹内美稀（ジャパン・フローラル・プランニング）

イラスト　　和泉奈津子
　　　　　磯部一八（p.107）

花職向上委員会
花職人（花を扱うすべての人）の知識
や技術、地位の向上、花業界の発展の
ために活動する任意団体。

磯部 健司
花職向上委員会 委員長。フローリスト
アカデミー代表、株式会社花の百花園
取締役。1997TOY世界大会優勝。各
種団体の講師を務め、花のデザインだ
けでなく、花職向上のためプロに向け
た指導に力を注ぐ。

出版・撮影協力
花職向上委員会　福岡
花職向上委員会　東京
花職向上委員会　関西
花職向上委員会　沖縄
花職向上委員会　鹿児島
花職向上委員会　名古屋
花職向上委員会　東北
花職向上委員会　新潟
花職向上委員会　久留米
花職向上委員会　岡山
花職向上委員会　北海道

基本セオリーがわかる
花のデザイン ～基礎科②～
歴史から学ぶ ―伝統を知り、新しい表現に活かす―

NDC793

2018 年 10 月 11 日　発　行

監修者　　磯部健司
編　者　　花職向上委員会
発行者　　小川雄一
発行所　　株式会社　誠文堂新光社
　　　　　〒 113-0033　東京都文京区本郷 3-3-11
　　　　　（編集）電話 03-5800-5779
　　　　　（販売）電話 03-5800-5780
印刷・製本　図書印刷　株式会社

ⓒ 2018,Hanashoku Koujou Iinkai.
Printed in Japan

検印省略
万一落丁・乱丁の場合はお取替えいたします。
本書掲載記事の無断転用を禁じます。また、本書に掲載された記事の著作権は著者に帰属
します。これらを無断で使用し、展示・販売・レンタル・講習会などを行うことを禁じます。

本書のコピー、スキャン、デジタル化等の無断複製は著作権法上での例外を除き禁じられ
ています。本書を代行業者等の第三者に依頼してスキャンやデジタル化することは、たと
え個人や家庭内での利用であっても著作権法上認められません。

JCOPY 〈（社）出版者著作権管理機構 委託出版物〉
本書を無断で複製複写（コピー）することは、著作権法上での例外を除き、禁じられてい
ます。本書をコピーされる場合は、そのつど事前に、（社）出版者著作権管理機構（電話
03-3513-6969 ／ FAX 03-3513-6979 ／ e-mail:info@jcopy.or.jp）の許諾を得てください。

ISBN978-4-416-51890-8